陳為人——著

讓思想
衝破
牢籠

胡正晚年的
超越與侷限

「來自營壘的反思」的意義和評價
——讀陳為人《讓思想衝破牢籠——
胡正晚年的超越與侷限》

錢理群

作者談到自己的「山西作家人物系列」，在寫了趙樹理和馬烽兩位山藥蛋代表作家以後，還要寫胡正的動因，引述了學者丁東的一個評價：「胡正正是他們這批『山藥蛋派』作家中最有反思精神的一位。他們都是〈講話〉精神滋潤下成長起來的一代作家。來自營壘的反思，才更為有力，更為彌足珍貴。這對於梳理當代文學史上的特有現象，比寫其他作家更有價值」。

在我看來，丁東的這段話，正可以作為我們閱讀和討論本書的一個綱，由此可以引發出三個追問：包括胡正在內的山藥蛋派作家，在中國現、當代文學史上是屬於什麼「營壘」？他們為什麼要「反思」，怎樣「反思」，「反思」了什麼？如何評價他們的「反思」？這都是發人深省的問題。

先說「營壘」。這就需要作一番現、當代文學史的歷史回顧。上個世紀的三十年代的左翼文藝運動曾有過「無產階級文學」的倡導，但在對「由誰來創造、怎樣創造無產階級文學」這個根本問題上，卻存在著不同的意見和想像。作

為「無產階級文學」的倡導者的創造社、太陽社認為，只要左翼作家轉變了立場，掌握了「無產階級意識」，就可以創造出無產階級文學。魯迅、郁達夫則對此提出了質疑，他們認為，「現在的左翼作家還都是讀書人──智識階級，他們要寫出革命的實際來，是很不容易的」，「在現在這樣的中國社會中，最容易出現的，是反叛的，小資產階級的反抗的或暴露的文學」（魯迅：《上海文藝之一瞥》）；「真正的無產階級文學，必須由無產階級自己來創造」（郁達夫：《無產階級專政和無產階級文學》），這就必須依靠「政治之力」（魯迅：《文藝的大眾化》），經過根本的社會改造，消滅了等級制度，普及了教育，使不識字的下層人民掌握了文化，「自己覺醒，走出，都來開口」（魯迅：《俄文譯本《阿Q正傳》序及著者自敘傳略》）。今天來看，魯迅、郁達夫的這樣的設想，還是一種烏托邦的想像，本身是有許多問題的，我們這裏不作討論。需要指出的是，從三十年代起，「培養工農作家」就成了左翼文藝運動的一項重要工作；而到了四十年代的革命根據地，共產黨領導的革命政權確實依靠魯迅所說的「政治之力」，在農村和部隊普及教育，開展群眾文化活動，並在這一基礎上，培養出了一批直接來自社會底層的，又受到革命教育的「工農兵作家」，我們今天所說的「山藥蛋派」作家就是其中的代表。他們具有兩大特點：一是革命培養出來的，二是出身農民，有代表農民說話的自覺性，這確實是前所未有的一代文學新人，而且自然成為「工農兵文學」即「中國特色的無產階級文學」的

主力，由此而形成了一個文學「營壘」，是革命營壘的有機組成部分。

　　如果作進一步的深入分析，就可以發現這樣的一代文學新人自身的兩大特點，就決定了他們的內在矛盾。這集中體現在他們中的領軍人物趙樹理的創作追求，也是他們共同的區別於其他作家的獨特追求上：「老百姓喜歡看，政治上起作用」。我曾經分析說，這「正是表明了他的雙重身份、雙重立場：一方面，他是一個中國革命者，一個中國共產黨的黨員，要自覺地代表和維護黨的利益，他寫的作品必須『在政治上起（到宣傳黨的主張、政策的）作用』；另一方面，他又是中國農民的兒子，要自覺地代表與維護農民的利益，他的創作必須滿足農民的要求，『老百姓喜歡看』」（《1948：天地玄黃》）。我以為，正確地理解和把握這樣的「雙重身份，雙重立場」，是理解趙樹理，以及包括胡正在內的山藥蛋派作家及其創作的關鍵。

　　應該說，這雙重身份、雙重立場，還是有其統一與和諧的方面的。特別是中國共產黨作為一個革命黨領導農民翻身求解放的革命時期，這樣的統一與和諧常常成為主導傾向。因此，當毛澤東在〈在延安文藝座談會上的講話〉裏，強調文藝為革命政治服務和為工農兵服務的統一，號召革命文藝家「把自己當作群眾的忠實的代言人」；強調「人民生活」是「一切文學藝術的取之不盡、用之不竭的唯一的源泉」，號召作家「長時期地無條件地全心全意地到工農兵群眾中去」，「學習工農兵」，和工農兵相結合；強調要重視

民間群眾文藝，號召文藝家要和「在群眾中做文藝普及工作的同志們發生密切聯繫」，創作為老百姓喜聞樂見的作品，等等，都是和這些來自底層社會，和農民有著天然的血肉聯繫的趙樹理們的內心要求相一致的，他們的欣然接受是有內在邏輯的，並非盲從，如研究者所說，「那麼步調一致，那麼自覺自願，那麼勝任愉快，那麼毫不懷疑」，應該是十分自然的。他們也就因此成了「〈講話〉派」，這是順理成章的，我們應該有一個同情的理解。

而且趙樹理們在創作中對〈講話〉精神的實踐也有自己的獨特理解和做法。趙樹理曾經把他的創作經驗歸結為一種「問題」意識。他，或者也包括所有的山藥蛋派作家，他們對中國農村及農民的觀察與表現確實有一個「中心問題」，即是「中國農民在中國共產黨領導的社會變革中，是否得到真實的利益」，也即「中國共產黨的政策是否實際地（而不僅僅是理論上）給中國農民帶來好處」。當他們在現實生活中發現中國共產黨領導的農村土地改革中，農民確實在政治、經濟上得到某種程度的解放，在思想文化上也發生了深刻的變化，他們的歌頌是由衷的，並且是生動活潑的。也就是說，在黨的政策和農民的利益相對一致的基礎上，山藥蛋派的創作取得了一種內在的和諧。這也是他們的作品的魅力和生命力所在。

但同時我們也應該看到，趙樹理、胡正們的雙重身份、雙重立場，從一開始就存在著或許是更為根本的矛盾和不和諧。這主要是他們是始終生活在中國社會的底層，生活在農

民中間，並且和農民有感同身受的精神與情感的聯繫，也就必然時時面對革命的陰暗面對中國農民利益的損害。如趙樹理1948年在河北參加土改時所發現的，儘管一般貧農分得了土地，但主要得到好處的卻是農村幹部，特別是一些「流氓混進了幹部和積極分子群中，仍在群眾頭上抖威風」。面對這樣的現實，趙樹理內在的農民的立場和黨的立場，就發生了矛盾。他的處理辦法是：一方面，堅持為農民說話，通過小說作了如實的揭露，但另一方面，又設置了黨自己糾正錯誤的「大團圓」的結局，以顯示「邪不壓正」。這或許也是反映了當時趙樹理的思想真實：他總是希望，一定程度上也是相信，黨能夠糾正錯誤，他無論如何也要維護黨的立場和農民立場的一致性，即所謂「黨性」和「人民性」的一致性。由此形成了山藥蛋派作家處理其雙重身份、雙重立場矛盾的一個模式，如本書作者所說，一面堅持直面現實的現實主義原則，使自己的創作顯示了某種批判性的鋒芒；但同時又將「現實悲劇喜劇化」，並用所謂「本質真實論」的「革命現實主義」原則來說服自己。但即使是如此煞費苦心地安排了大團圓的結局，趙樹理的《邪不壓正》還是遭到了黨報的嚴厲指責。這樣，趙樹理一面被樹為貫徹〈講話〉的旗幟，一面又因為背離了〈講話〉規定的對「革命人民和革命政黨」只能「歌頌」不許「暴露」的原則，而受到批判。這其實是預示著趙樹理和山藥蛋派作家以後的命運的。

革命勝利以後，共產黨由一個革命黨轉變為執政黨，就發生了一些帶根本性的變化。就我們所討論的問題而

言，主要有兩個方面的變化，一是共產黨自身的變化：革命理想、信念逐漸淡化，而越來越以維護執政地位，即所謂「黨對一切方面的不受監督，不受制約的權力」為追求與目標；另一是黨和農民關係的變化：為了推行以富國強兵為指歸的現代化、工業化發展路線，必須以犧牲農民為代價，而毛澤東空想的農業社會主義試驗，儘管把農民提得很高，卻給農民帶來無窮的災難。這都是此時仍在農村掛職生活的山藥蛋派作家親身經歷，親眼所見的。如胡正後來反思所說，最初把農民組織起來，以避免兩級分化，多少反映了貧困農民的要求，他們也能接受，因而寫了不少肯定與歌頌的作品；但從強迫組織高級合作社開始，到以後的大躍進、人民公社、大饑荒、四清運動，直至文化大革命，對農民來說，都是一次又一次的劫難。面對黨的路線、政策和農民利益的嚴重背離，這些既忠於黨，又視農民為父母的山藥蛋派作家，就陷入了「忠、孝兩難全」的尷尬之中。而建國後利用權力來貫徹〈講話〉「只准歌頌，不准暴露」的精神，所造成的「真話不能說」的政治、思想、文化環境和氛圍下，他們中的最傑出者趙樹理也只能如研究者所說，堅守「假話我不說」的底線，用曲折的方式，寫出有限的農村生活中的真實，就已經被視為「頂風之作」[1]，而一再受到批判。胡正在以後的反思中，也因此給了趙樹理以極高的評價，說他「忠於

---

[1]　頂風之作：大陸用法，頂風作案的變異，意指逆主流話語而寫的作品。

讓思想衝破牢籠
——胡正晚年的超越與侷限

現實生活」，「站在人民立場上」，「呼喊出了群眾的呼聲」。他如此評價，是因為深知在那個時代，這樣的堅守的艱難。事實上，許多人都難以做到不說假話，難免要寫跟風之作，就陷入了所謂「黨性和良心」的矛盾。更為嚴峻的，是作家自身的變化。這是無可回避的事實：革命勝利以後，這些當年的老革命都成為權力的掌控者，這就意味著個人利益和黨的執政地位和利益的一種捆綁。這樣的「存在」，就決定了「意識」的微妙變化：如胡正反思時所說，「瞭解農民的願望少了，考慮上面的政策多了」。這一「少」一「多」卻非同小可：這意味著，原先的雙重身份，雙重立場，發生了傾斜：越來越遠離農民的利益和要求，而向執政黨的利益與要求靠攏。這大概就是一種異化吧。胡正後來反省說，自己某種意義上也是黨的極「左」路線的執行者，這是有內在原因的。

但即使如此，也不能滿足毛澤東的要求：儘管已經向毛澤東主導的黨的極「左」路線靠攏，但依然保留著對農民利益的關注，就不可能和毛澤東主導的黨「保持完全一致」，這在文革中就成了滔天大罪：山藥蛋派的作家無一例外地被打倒了。首當其衝的趙樹理作了拚死的反抗，他的力量來於他自信是代表和維護農民利益的，因此才在批鬥會上戲稱自己是「農民的聖人」。而倖免於難的胡正們卻開始了自己的反思。文革將長期以來認為是不容置疑的毛澤東制定的黨的路線，對人民，特別是農民的利益的損害所造成的嚴重後果，暴露無餘，從而引發了根本性的懷疑，反思也就因此而

產生。

　　另一方面，正是文革，使每一個人，每一個利益群體，都更加自覺地意識到自身的利益所在；在這個意義上，反思也是一種新的選擇。於是，就出現了不同的反思：是站在維護黨的執政地位和利益的立場上反思，還是站在維護底層人民利益的立場上反思？面對黨的執政利益和人民利益之間的尖銳對立，既要黨又要人民的雙重立場是難以堅持到底的，必然要有所選擇，至少要有所傾斜。昔日的革命者終於發生了分化：前者也可以對毛澤東和文革的某些極左的做法提出批評，但卻要堅持毛澤東所建立與維護的一黨專政的體制，這樣的反思是有限的，並且在實質上是和他們有所批評的毛澤東路線，以至文革相通的；而後者則是徹底的，有可能根本走出毛澤東時代的陰影。我們說，胡正的反思比較徹底，原因就在於，他自覺地站在人民的立場，以底層民眾、農民的要求與利益作為標準，去反思黨，反思歷史與現實，就使自己的思想獲得了真正的解放，並有了全新的認識。

　　作為一個作家，胡正的反思，首先體現在他的創作中，這就是本書特別關注的反思三部曲：〈幾度元宵〉、〈重陽風雨〉、〈明天清明〉，如作者所分析，胡正的新作有兩大新的特點。一是轉而從自己的歷史記憶和生命體驗中去開掘，反思革命本身的問題。這樣的和自己的生命相糾結的革命陰暗面的歷史記憶，在過去的年代是沉睡著的，甚至是被著意遮蔽的；現在重新喚醒，對作家具有雙方面的意義：一方面，使他的歷史反思和自己的生命相關聯，就具有了帶有

血肉的深度；另一面，他一貫堅持的現實主義也具有了某種體驗現實主義的特色，顯然也是一種深化。更重要的是另一個新特點：這意味著作家「悲劇意識的覺醒」。如本書作者所說，這不僅是和作家已經習慣了的「頌歌」模式的告別，而且是對中國傳統文化的突破，胡正說他的三部曲「離山藥蛋派遠了一些」，這確實是一種深化與超越。

也許人們更為重視的，是胡正思想理論上的反思，包括對〈講話〉的反思，這也是本書論述的重點。在我看來，這樣的反思有一個逐漸深化的過程。首先發現的是自己所參與的革命身上擺脫不掉的封建主義的印記：「沒有把資產階級革命的民主、自由、獨立的一套承接過來，還是打倒皇帝做皇帝」。接著又痛定思痛地發現了「把馬克思主義的學說簡化為一個暴力學說」，而導致的人道主義危機。對胡正這樣的老革命來說，這樣的兩大發現，確實是驚心動魄的，要正視它是需要非凡的勇氣的，但對胡正來說，又是十分自然的，因為他看清楚了，這正是黨領導的革命最終走向最初宗旨的反面，損害了本應是自己的基礎的底層人民、農民的利益的原因所在。當他進一步追問：為什麼中國共產黨經過文革後的反思和改革，卻依然不能從根本上遏制黨的腐敗的趨勢，反而越演越烈？就發出了「誰的政治」的驚天一問：「什麼政治家？他們的這個政治家的考慮呀，不是人民大眾的政治，還是維護他們自己利益這麼一個政治，說得直截了當點：統治者的政治」。這就說到了要害：「革命黨」已經蛻變為「維護自己利益」的「統治者」。看清這一點，胡

正的選擇也十分明確：要和「他們這個政治家」決裂，堅守「人民大眾的政治」的立場。這樣，他也就終於擺脫了雙重立場的內在矛盾造成的困境。

但胡正還要堅持自己的反思的限度。他一再表示：「我們要承認歷史而不是否定它」，「我是反思，但是不反共」，「我反思我們的體制，並不反對我們的制度」，「對我們的社會主義制度並不否定」，「我是在四堵牆內的反思，對四項基本原則還是要堅持的」。他還說：「我們這一代人，對明天有太多的憧憬和嚮往」，「明天是清明」。他因此提醒本書的作者：不要對自己的反思「引申」過度。

應該如何看待胡正，某種程度上，也是他們那一代人，為自己的反思所設置的這條底線。本書作者認為，這是「一種深刻的思維在恐懼前止步」，構成了一種「局限」，而所謂「引申」則是研究者的「評價與作者原意不符的現象」，這在文學史上是屢見不鮮的。——我可以部分地同意作者的這一分析，我也認為，胡正最終不能越過「四項基本原則」，確實是一個局限，那一代和中國共產黨休戚與共的老革命黨人，是很難越過「黨的領導」這一條線的。但我又認為，如果把他們堅守反思的限度，簡單地視為「局限」，可能有些簡單化，我們對胡正這一代人的反思，應該有更複雜的分析，更多的理解和同情。

胡正對本書作者說了一番很動情的話：「我們這一代人和你們不一樣。我們是在〈講話〉精神下培養成長起來的作

讓思想衝破牢籠
　　——胡正晚年的超越與侷限

家。從思想感情上說，我們就不可能反對〈講話〉。這是個感情的問題，更是個立場問題。你們這一代人，年齡比我們小，就不可能對〈講話〉有我們這樣深的感情」。胡正這裏說到了反思中的「感情」，使我聯想起了魯迅。魯迅也是一個「來自營壘的反思」者，他說過：「他的任務，是在有些警覺之後，喊出一種新聲；又因為從舊壘中來，情形看得較為分明，易制強敵的死命」（《寫在《墳》後面》）。這些話是完全可以用來評價胡正的反思的意義的；不同之處，是魯迅反思的是封建傳統，而胡正們的反思對象是中國共產黨和革命傳統。魯迅說過，這樣的「來自營壘的反思」的最大特點，是所要反思的對象，是和自己的生命糾纏為一體的，「我也在其中混了多年」，「我未必無意之中，不吃了我妹子的幾片肉」（《狂人日記》）。胡正說他自己不僅是黨的極左路線的受害者，更是執行者，說的也是對歷史的謬誤自身的責任，而且這樣的歷史已經滲入自己的血肉之中，構成了自我生命的有機組成。因此，對歷史的反思，其實就是對蘊含了全部青春理想和熱情的自我生命歷程的反思，對歷史的謬誤的否定，必然是一種挖心裂肺的自我否定，這絕不可能是輕鬆的，也絕不可能徹底，但卻是刻骨銘心的，不能不牽動愛愛仇仇的最複雜的感情，由此而發出的反思的聲音，必然是如魯迅筆下的那位「赤身露體地，石像似的站在荒野的中央」的老女人那樣，「於一剎那間將一切併合：眷戀與絕決，愛撫與復仇，養育與殲除，祝福與咒詛……」（《頹敗線的顫動》）。這樣的帶有複調式情感的反思，確實不如

沒有經歷那段歷史的旁觀者的我們今天的批判那樣鮮明而絕決，卻有著難以企及的歷史深度和厚度，是不能以「局限」二字輕輕了結的。

而且，從另一角度看，這樣的對反思的限定，也是一種堅守。對胡正那一代老革命者來說，有一些從年輕時代就開始的理想與追求，是必須堅守的。他說自己「反思而不反共」，其實就是要批判、否定在他看來已經異化的黨，而要堅守他當年入黨時所追求的黨的宗旨和信念：要為天下窮人謀解放。胡風也曾提出要區分「現實的黨」和「理念的黨」，批判前者而堅守後者。我們可以不同意胡風（也許還有胡正）這樣的區分，但對他們區分背後的堅守，還是應該懷有尊重與尊敬。胡正說他「反思體制而不反思制度」，也是強調要批判現實的「封建社會主義」，而堅持「勞動者當家作主」的社會主義理想。胡正表示要堅持〈講話〉的立場，並不是說他對〈講話〉沒有反思，相反，按照本書的轉述，他對〈講話〉的批判已經達到相當的深度，但他仍然要堅守〈講話〉最初吸引他的那些觀念，如文藝要為工農兵服務，要作「群眾忠實的代言人」，要重視普及，為老百姓喜聞樂見的民族、民間形式等等，我們可以批評這樣的文藝觀存在這樣那樣的不足，但也必須承認這樣的選擇與堅守的歷史與現實的合理性。胡正堅信「明天是清明」，也表示了對他們那一代人的烏托邦理想的堅守，我們可以批判將「彼岸烏托邦理想此岸化、現實化」的失誤，這確實是造成毛澤東時代災難的重要原因，這裏有深刻的歷史教訓；但我們卻不

能因此否定烏托邦理想本身的意義與價值，沒有超越現實的烏托邦理想就不可能有真正的改革。比如胡正那一代人堅信的「消滅一切人壓迫人、奴役人的現象」，就是這樣的可以趨近，卻不可能完全實現的烏托邦理想，今天堅守這一理想就有極強的現實批判力量。在我看來，胡正所要堅守的，無論是共產黨的最初宗旨、社會主義理想，還是〈講話〉的某些原則，我們可以有不同看法，卻必須承認，它們在今天的中國，都可以作為批判性資源，仍然具有生命力，是不能簡單視為「局限性」的。

　　這裏，還有一個重要問題：當我們談到「局限性」時，其實是以我們今天經過反思以後所建立起來的新的價值觀念和立場作為依據的。這是自然的，也是正常的：思想、文化的發展，正是要仰賴於不斷的反思，不斷的總結歷史的經驗教訓，並由此引起新、舊觀念之間的相互辯駁，以至批判。但我們必須清醒地看到，一切反思得出的新結論、新觀念、新立場，即使是合理的，也只具有歷史的相對的合理性，是認識長河中所達到的某個階段，何況其本身也還有可能隱蔽著我們今天尚未意識到的謬誤。因此，對一切反思所得出的新觀念、新立場，在堅持的同時，也還需要有必要的懷疑和反思，即所謂「反思的反思」。對一切未加反思的思想和立場，其實都應該保持某種警戒的。這也是胡正那一代人的歷史教訓：當年他們以「文學新人」的姿態與身份出現時，未嘗不是對前人的選擇進行反思的結果，他們的集中體現在〈講話〉裏的新觀念、新立場當然有它的歷史與現實的合理

性；問題是，他們當時沒有對自己的新觀念、新立場進行必要的反思與質疑，將其絕對化，自以為真理在手，不但以此否定了一切異己的選擇，並且將自身的合理性也推向極端，最終走到了反面。這樣的歷史經驗教訓是應該認真吸取的，這也是胡正的反思對我們的啟示的一個重要方面。

2011年11月30日～12月2日

讓思想衝破牢籠
——胡正晚年的超越與侷限

目次

引子：思想是怎樣死亡

庚寅年臘月十八，西元2011年元月21日，在永安陵園向胡正先生遺體告別。「山藥蛋派」最後一抹夕照在此送舊迎新的歲尾年頭逝去，使一場告別儀式有了承前啟後的象徵意味。

胡正先生的告別儀式可謂隆重壯觀：以省委書記領銜，省委、省政府、省人大、省政協四大班子都敬獻了花圈；省委宣傳部長、分管副省長、眾多顯赫官員親臨告別大廳。社會各界名流敬獻的花圈、輓聯，偌大的告別大廳放不下，一直鋪排到門廳、長廊、樓梯；數千人參加了胡正先生的告別儀式。

胡正先生的悼詞，是經官方反覆斟酌後敲定的「蓋棺定論」。主流話語對一個「草根作家」的一生，給予了充分的讚頌和高度的評價。黨的喉舌省市各大媒體，對胡正先生的逝世，都做了報導，還發了專訪專題。

1990年代，山西省政府授予馬烽（左起）、王玉堂、西戎、孫謙、李束為、胡正、鄭篤等七人「人民作家」稱號

　　讓思想衝破牢籠
　　　　——胡正晚年的超越與侷限

生則輝煌，死亦風
光，人生如此，夫復何求？

9時30分，當哀樂在
告別大廳彌漫，人們開始
向胡正先生作最後的告
別。我隨著緩緩的人流來
到了胡正先生遺體前，鮮
花翠柏掩映，胡正先生身
上覆蓋著黨旗。胡正先生
沿著一條「偉光正」[2]的康
莊大道走完了人生。

胡正白描畫像

我向胡正先生遺體三
鞠躬。鞠完躬，我突然意
識到，我帽子忘摘了，又
摘去帽子，重新補鞠。

繞過遺體，應該向遺
孀郁波及其子女安慰幾
句，我卻鬼使神差地走到
了親屬隊伍的後面，是工
作人員及時提醒。

這是怎麼了？又不是
第一次參加遺體告別，一

胡正夫婦晚年照

2　偉光正：「偉大、光榮、正確」的簡稱。

應程序可說嫻熟在心。

我的思想走神了。

與胡正先生晚年的一段交往，攪得我心境不能平靜。

自2006年始，我開始撰寫「山西作家人物系列」。前後完成了「山藥蛋」代表作家之趙樹理、馬烽。我原本的寫作計畫中沒列胡正先生，認為一個流派有兩個代表作家足矣。

產生寫胡正的意圖，緣起於大洋彼岸的一封來信。

鄭義在給我的E-mail中說：「寫寫山西老作家傳記。我和這批老延安在思想上不可能一致，但有師生之誼，對他們的尊敬同情理解遠超過責備。聽說胡正現在就寫得比較深……」鄭義在E-mail的結尾處，再次提議我：「胡正對個人經歷和民族歷史的反思，達到了『山藥蛋派』一代老作家們前所未有的深度。……寫寫這輩老延安，寫寫胡正。」

此後不久，丁東也建議我寫寫胡正。丁東說：「胡正是他們這批『山藥蛋派』作家中最有反思精神的一位。他們都是〈講話〉精神滋潤下成長起來的一代作家。來自營壘中的反思，才更為有力，更為彌足珍貴。這對於梳理當代文學史上的特有現象，比寫其他作家更有價值。」丁東還說：「畢生以文字為事業，艱苦卓絕地拚搏奮鬥了一輩子，終於贏得不菲的名聲，到晚年卻要由自己來否定自己，這需要的不僅是思想的深度，更需要有追求真理的勇氣。」

胡正成為一個參照的座標系，透視胡正，正是對山藥蛋派的最好梳理和剖析。

　　於是，有了我對胡正先生2006年4月27日、6月9日、6月12日、6月18日、6月30日前後五次，二十多個小時的長篇訪談。

　　我像阿里巴巴突然發現了一座寶藏，胡正先生在訪談中所表現出的見識、膽略、勇氣，使我真正感受了老一輩人經歷中「兩頭真現象」[3]。

　　胡正先生以一個過來人的所歷所思，向我傾吐了一任山西作家協會黨組書記的執政理念和用人胸懷。同時以少見的勇氣和膽略，暢所欲言了對毛澤東〈延安文藝座談會上的講話〉、延安搶救運動、土改，以及建國後反右、四清、文化大革命，以及那場震驚世界至今仍諱莫如深、噤口如瓶事件等歷次運動的真實看法。讓我真正見識了一位老延安老作家對歷史反思的深度和廣度。

　　當我聽到胡正先生說出如此諸多尖銳犀利的見解時，我真為胡正先生的浩然正氣而肅然起敬。我不由地試探性問了一句：「以上我們的談話內容，我可是都要寫進文章中。」胡正先生當即慷慨激昂地表示：「你儘管放手寫。到我這個年齡，我還有什麼好顧忌的。」

　　據此，我寫出了初稿〈晚霞行千里——胡正先生對「山藥蛋派」的超越〉。寓意十分明顯，農諺說：「早霞不出

---

[3]　兩頭真：指老一代革命者中，少年和晚年都追求「真實的人生」。

門，晚霞行千里」，老一輩人深刻的反思精神，正預示了我們的千里征途，有一個風和日麗的錦繡前程。

在我對胡正先生的訪談中，還有這樣一段對話。胡正說：「不知道黨內是哪一些人，黨內的哪些當權者們，他們不反思，害怕揭瘡疤，生怕他政權不穩。其實你自我反思，檢查我們的不足，工作會搞得更好。大家更服氣，更擁護。」我說：「能夠反思自己的不足，我覺得是一個政黨成熟的標誌。十一屆三中全會後，一再說要總結歷史的經驗教訓，讓大家歡欣鼓舞了一陣，大家看到了中國的希望，民族的希望，可人們剛一開始反思，當政者葉公好龍，又變得害怕了起來，真不知道你對反思歷史害怕些什麼?!」

誰曾想，訪談中一個不經意冒出來的成語，竟成為魔咒，一語成讖。當我把寫出的初稿拿給胡正先生看，他的態度發生了一百八十度的大轉彎。

他把我叫到家裏，他誠惶誠恐，他一再叮囑，這一稿無論如何不能拿去發表。他還一再追問，你把此稿還讓什麼人看過。

我說，還沒讓你最後審定，我當然不會拿去發表。因這次寫作是鄭義、丁東提議，我只是把電子文本發給他倆徵求一下意見。

胡正先生一聽更為緊張，要我馬上與美國的鄭義和北京的丁東取得聯繫，把他的意見轉達。

胡正先生對我說：「這篇文章在境外發表，就會被敵對勢力所利用，成為一個政治事件。喲，好傢伙，這是來自營

　讓思想衝破牢籠
　　——胡正晚年的超越與侷限

壘裏的聲音，比其他人的攻擊更有力量。」胡正還說：「這可就成為一個政治事件，你寫我可是害了我。」

我一再向他解釋：「現在的政治環境寬鬆多了，可有比你的言論火藥味更足的東西也白紙黑字登了出來，你的這些話算不得什麼。」我還說了句玩笑話：「胡老你放心，不會因為這麼篇訪談文章，就把你打成反革命。」

我印象特別深，胡正先生反覆強調了這樣一句話：「我是反思，但是我不反共。」

我有些百思不得其解：反思能和反黨發生鏈結？在一個思想者的腦海裏，這是怎樣一個思維邏輯？

我腦海裏鬼使神差地猛然就又冒出了那個成語：葉公好龍。怎麼中國人就都成了「龍的傳人」。

鄭義在給我的信中講了《聖經》中摩西引領以色列人《出埃及記》的故事。鄭義說，摩西受上帝之託，引領以色列人出埃及脫離苦海。艱苦卓絕地跋涉期間，經歷了「杖劈紅海」、「走出死亡沙漠」等等劫難。每逢遇到磨難，就有人抱怨摩西：你為什麼要把我們帶到這裏來受苦，留在埃及做奴隸，至少可以吃飽喝足，總比在這兒餓死強。摩西聽了這些話，感到十分痛苦：他的同胞受了多年的奴役，精神上已經成為奴隸了。他們寧肯過著屈辱的生活，也不願意以冒險精神去換取自由。以色列人的輾轉跋涉一直持續了幾十年。上帝告訴摩西，必須等那些奴性已經滲入骨髓的人都死光後，你才可引領心性自由的新人，進入迦南那個流著蜜的「人間樂園」。

鄭義還說，「在與奴隸主對應的位置上，還有個奴隸。正是這相輔相成的兩極，才構成一個完整的奴隸社會。」

　　魯迅先生曾感歎於中國人「不悟自己之為奴」。他說：在革命以前，他是做奴隸；革命以後，受了奴隸的騙，變成「革命者」的奴隸了。加入「左聯」以後的情況如何呢？他仍然覺得自己在做奴隸。在晚年書信中，他是不時以「奴隸」、「苦工」自況的。

　　我們的國歌中唱道：「起來，不願做奴隸的人們」。唱了半個多世紀，還沒唱醒夢中人。我心中湧起魯迅式對國民的悲哀。我把寫胡正先生的題名改為〈最美不過夕陽紅〉。老一代作家的真正價值，在於「兩頭真」的晚年反思。

　　胡正先生一定是察覺了我的驚詫，半是解釋半為安慰地對我說：「我們在一起談論，可以海闊天空，什麼都可以談。但是一定要注意，見諸文字，境外發表，就要注意這個問題。起碼我們還有個愛國主義麼。讓人家大罵中國好？」胡正先生還為我著想：「你們這一代人也要注意了，思想的解放和言論的自由，這個可以，但是也應該注意一點，就是社會影響。在國內發表是什麼影響，在國外發表是什麼影響，也要考慮這個，也要學會保護自己。」胡正還說：「我說了這個話，我就後悔死了，我和你說，我是把你當朋友，你如果把我給你談的都赤裸裸地搬出來呢，我就，我就受不了了。我現在這麼大年齡了，再經不住折騰了。我這一生夠遭罪的了，現在各方面都挺好，我不想再節外生枝發生什麼變化。」

胡正的變化使我好幾個夜晚徹夜難眠。

葉利欽在他的《自傳》中，用很大的篇幅描寫了因職務而帶來的一系列待遇。然後說了這樣一番話：

> 有趣的是，這一切都不是屬於他們自己的。所有最好的東西——別墅、特供物品，與外界隔絕的特供場所——全都屬於這個制度。這個制度可以將這些享受賜予你，也能從你手中再奪回來。這個主意就其實質而言是極為精妙的。某個人或叫伊萬諾夫，或叫彼得羅夫，這都無關緊要。他沿著官階上升，最初的時候，這個制度特供給他一定規格的財富；他爬上了一級，就再給他另一類的財富；你爬得越高，你所得到的、專門的生活享受就越多。這樣一來，這個叫伊萬諾夫的大腦裏便充滿了一種想法：這一切並不是專門恩賜給他本人的，只是恩賜給他佔據的職位的。一旦他不再忠心耿耿、死心塌地為這一制度效勞，它就會將他廢黜。取代他的將是彼得羅夫或是別的隨便什麼人。在這種制度下，沒有什麼東西是私人財產。

葉利欽的人生經歷，演繹了一齣「賦予和剝奪」的紅色蘇維埃之劇。

陳丹晨寫過一篇堪稱深刻的文章：〈生存的歧路——中國作家的生存狀況漫記〉。他裏面寫到一代知識份子因為「吃官飯」而造成的窘迫與困境。他稱之為「公家的人」。

文中有這樣一段文字：

　　1949年革命勝利，中國社會有了巨大的根本的
改變。其中一個重要方面，幾乎所有的成年人都變成
了公家的人。或者說，都變成國家的人，黨絕對領導
下的國家的人，也即常說的「黨的人」。無論工農商
學兵，概莫能外。

　　……恩格斯認為馬克思對人類歷史發展規律的
最大發現，就是指出這樣一個基本事實：「人們首
先必須吃、喝、住、穿，然後才能從事政治、科
學、藝術、宗教等等……」也正是在這樣一定的經
濟基礎上，在不同的所有制形式上，在生存的社會
條件上，聳立著有各種情感、幻想、思想方式和世
界觀構成的整個上層建築。這些都是人們熟知的馬
克思主義常識。魯迅更是直截了當地說：「我們目
下當務之急，是：一要生存，二要溫飽，三要發
展，……」可見生存、吃飯是個關鍵問題，首要問
題。現在出現的新變化形成了：普天之下，莫非王
土；率土之濱，莫非王臣。所有的人，都無可逃避
地被要求絕對服從那個給你工作給你飯吃的領導，
做「馴服工具」、做一顆「齒輪和螺絲釘」。用商業
社會裏的基本關係作一個不恰當的比喻的話，給你吃
飯的是大雇主、大老闆，聽命於他的，也就是那些大
大小小的雇工雇員而已。

一種體制最屬害之處，就是把所有臣民，全部變成「打工者」，全部得看主家的眼色討生活。在西方資本主義制度的選舉中有一條規定：「無資產者不得競選總統」。其中大概蘊涵著一個深刻的真理：沒有獨立的經濟地位，就不可能有獨立的思想意志。

　　被蘇維埃政權稱之為「紅色音樂家」的蕭斯塔科維奇，臨終前口授了一本回憶錄《見證》，說出了他對史達林時代的感受。他說：「見風使舵是我們知識份子的特性。正如馬雅可夫斯基在劇本《澡堂》中的一個角色說的：『閣下，請下命令，我馬上就轉。』我確信馬雅可夫斯基這是在寫他自己。」蕭斯塔科維奇還說：「在那些日子裏，人人都有些不足為外人道的事情。你總得活下去，而且誰都挨著邊緣在走。」

　　李慎之在論述哈威爾時說：「一個人為什麼會被編織進意識形態的網中？因為恐懼。每個人都有東西可以失去，因此每個人都有理由恐懼。」「出於對生計、地位、或者前程的恐懼。」李慎之更進一步明確說，與其號召大家去做海燕，不如承認大多數人是家雀的現實，並維護做家雀應有的權利。

　　我又一次解讀了胡正，我也充分理解了胡正。他終究沒能把他難能可貴的反思精神進行下去。一種深刻的思維在恐懼前止步！

　　我望著胡正先生的遺體，心中一沉，再過一時片刻，這具遺體就將推進焚屍爐，那個原本生活中活靈活現血肉豐滿的先生就要化為一縷清煙了嗎？先生身上那原曾有過的閃

光的思想、振聾發聵的觀點，也都將隨著肉體而灰飛煙滅了嗎？我心中湧起一陣心疼，不，準確地說是一股酸楚，還有滲入骨髓的悲哀。

人活七十古來稀，胡正先生今年高齡八十七，人生自古誰無死，雖說心疼，但還不至悲痛欲絕。我是為胡正先生意識中那未及說出或者未敢言說的思想而遺憾，而撕心裂肺。

就在瞻仰胡正先生遺容的一瞬，我心中突然冒出一個念頭：以現代高科技的手段，這個隆重壯觀的場面無疑將載以永恆傳之後世。可是，難道歷史和現實要讓人看到的不是一代作家深邃睿智的思想，而僅僅是讓人們瞻仰這麼一具「僵屍」嗎？（多有褻瀆冒犯。我想以胡正先生之寬容大度，他一定會鑒情體諒。）

也就是在那一刻，我還冒出一個念頭：胡正先生原來的顧忌，隨著他肉身的消失而不復存在。我不能讓他以人生經歷換得的可貴精神財富，也隨著他的肉身灰飛煙滅。我要把與他訪談的錄音整理成篇，公諸世人，把一個真正可歌可泣可圈可點的胡正先生，介紹給喜愛胡正的讀者，讓世人認識一個真正的胡正先生。

這大概才是對胡正先生最好的懷念和祭奠！

讓思想衝破牢籠
——胡正晚年的超越與侷限

香港回歸胡正題辭

讓思想衝破牢籠
——胡正晚年的超越與侷限

一、誰見過這樣的正廳級一把手

南華門大院是山藥蛋派的大本營。南華門大院的作家們總結出山藥蛋派三任黨組書記的著名「三笑」。

一笑為李束為式「哼哼」冷笑：西戎夫人李英向我介紹說李束為不苟言笑，總繃著一張臉。老馬老西老胡老孫他們都喜歡開個玩笑，可只要老李一在場，氣氛就完全變了。李束為難得笑容。張石山描述過李束為笑的一個細節：說有一次胡正打乒乓球，瀟灑利索間旁邊觀眾連聲捧場喝彩。黨組書記李束為路過，冷笑著說了一句：哼！吃喝（XX），他什麼不會?!胡正不敢言聲，放下拍子，跳起來就跑。南華門人說，革命樣板戲《智取威虎山》中有句臺詞：「不怕座山雕怒，就怕座山雕笑」，李束為的「哼哼」冷笑，也能讓人連打三個寒顫。

一笑為焦祖堯式「呵呵」苦笑：焦祖堯十年執政，弄得愁眉苦臉焦頭爛額，拆了東牆補西牆按下葫蘆浮起瓢，一副耶穌受難之苦相。然而，為表現領導者的風度和水平，常常只得強顏歡笑。一副苦惱人的笑，笑得比哭還難看；

再一笑即為胡正式「哈哈」大笑，胡正為人爽朗活得瀟灑，與人聊天談話甚至做報告，不時會發出一陣大笑，笑的坦誠而熱烈。笑成為胡正的一種工作風格、一種工作方式。人稱「談笑間，強虜灰飛煙滅」。這是一種駕輕就熟舉重若輕庖丁解牛游刃有餘的笑。

我真正接觸胡正是在1980年的山西省第三次文代會上。胡正任大會秘書長，我是他手下的生活組副組長。我當年在太原市南文化宮工作，大概是考慮到發揮我的特長，所以讓

讓思想衝破牢籠
——胡正晚年的超越與侷限

我安排大會的文藝活動。

那時候，跳交際舞剛剛從禁錮中恢復，人們對此還持一種羞答答「猶抱琵琶半遮面」的心態。而我們張石山、蔣韻一幫子年輕人，卻興趣正濃躍躍欲試。

我想為大會安排一場交際舞會，拿不準胡正會不會答應。

張石山為我鼓勁：「胡正能滑冰、會游泳，檯球乒乓也玩得好、尤其擅長的是跳舞。在他們老一輩作家裏，就數胡正跳舞跳的最好。安排舞會，正對胡正口味。」

張石山還說：「文革前，胡正擔任文聯秘書長時代，為文聯謀福利、找上級領導批撥款項，辦法多多。辦法之一，就是組織舞會。召集歌舞團漂亮姑娘來陪首長跳舞，這是延安時代就有的老傳統。當省長部長們跳得高興，胡正會適時遞上報告，請領導過目批閱。首長興致正高，又當著漂亮姑娘的面兒，大筆一揮，批准！數額太小，再加幾萬！」

山西省文化界人士都稱胡正為「胡總理」，由此可見對他的讚譽。胡正做了幾十年文聯秘書長，打裏照外拳打腳踢，把個文聯工作搞得百密而無一疏。作為現行體制下的文聯作協，經費多少，全靠到上面去跑，當年樣板戲《沙家濱》中有這樣的唱詞：「壘起七星灶，銅壺煮三江；擺開八仙桌，招待十六方；來得都是客，全靠嘴一張。」人們用了這臺詞來說胡正。不論是李束為掌權還是馬烽當政，都是用胡正「財政一枝筆」管經濟，去與上面打交道，往回要錢。

我後來當了秘書長，胡正對我說：「要錢容易嗎？那要

下得辛苦[4]。領導不好找，我就摸準他們的規律，他們一上班總要到辦公室轉一圈，我就早早地趕到走廊上去等。準能堵住他們。」

胡正果真爽快地同意大會期間安排一場舞會。胡正「哈哈」一笑說：「對口。文聯文聯，就是聯誼交際。」

記得在那次會上，我們利用生活組的「特權」，常常忙裏偷閒見縫插針，逮住個機會，就會打開一個樓層接待室，搬開桌椅，當地練起舞步。有一次，正練在興頭上，胡正推門進來，我們好不尷尬，有點不知所措，沒想到胡正卻是「哈哈」一笑：「體驗生活呢？操練上了？」我們頓時放鬆下來。好像是張石山還有點得寸進尺，邀請胡正：「聽說胡老師舞步一流，給我們示範二招。」胡正還真就毫無架子地和我們「混」了一回。

胡正還向我說了這樣一件事：「馬烽對我，工作上是依靠，但也有不滿的地方。什麼不滿呢？就是我比較大方一些，也就是花錢大手大腳吧。他注意影響，他比較嚴謹。那年剛恢復文聯不是批經費麼，我去找武光湯副省長和省財委主任白清才，一下子批了二十萬。批下來已經到了九月份，第四季度就是收攤了。當時的經費是包乾制[5]，花不了就要凍結，財政上到年底就要收回去。到了十月，我說不用白不用，咱們來組織一次旅遊吧，文聯委員、各協會理事到延安、到湖南，去旅遊。當年還是選這些地方，還不敢到風景

---

[4] 下得辛苦：山西人口語，付出辛苦之意。
[5] 包乾制：吃、穿都是供給制。

區去，只是選一些革命聖地。開始他們倒沒說什麼，我鋪排得規模大了些，你想，幾百號人，弄了七、八輛大轎車，先到延安，後到西安。回來後又坐火車到湖南，這樣走了有半個多月，花錢當然不少。馬烽就說，這個老胡不像話，這麼個花錢呢！他們是怕省裏領導批評，恢復文聯就這麼折騰？幸虧是《山西日報》的韓仲昆，他不是和我們一起去了，回來在報上寫篇文章吹了一下，文藝界人士去進行了一次革命傳統的教育。效果還不錯。馬烽也就不說了。他主要是嫌我花錢上大手大腳。」

胡正說：「他們主要是傳統一些，我呢是比較隨便一些。」

詩人張承信還講過胡正的一個小細節：「你去報銷，找老胡簽字的時候，你貼好了給他，他看也不看，反過來在背面就簽了字，好像一看就是對你不信任了。而副秘書長程曼，把單據還要一張張數一遍，數得吻合了，他就簽字了，如果有疑問，他就說，你放一放吧，我們再研究一下。那有什麼可研究的？老胡沒有那小家子氣。」

周宗奇也說過：我就特別欣賞胡正簽字時「龍飛鳳舞」的瀟灑勁。

俗話說：政聲人去後，民意閒談時。當胡正、焦祖堯兩任黨組書記都翻過去之後。人們就有了許多「比較文學」。

與焦祖堯搭班子的黨組副書記毋小紅，給筆者講過焦祖堯退下來後，關於辦公室的問題。

毋小紅說：「老焦退下來後，還一直在原來的辦公室上

班。張平（新任主席）已經到任了，他不積極騰辦公室，讓張平沒處待。只能在周振義（新任黨組書記）辦公室，他們倆是同車來，同車去，來了也待一間辦公室。我催他，他還有意見，那急啥呢？西戎（焦祖堯前任主席）退下來一年多以後，才給我騰出辦公室。後來老焦提出來，他在家裏無法寫作，要給他安排一間辦公室他才能騰。周振義就同意了，說是過渡過渡吧。我說這你可惹糊糊了。人家胡正也是名譽主席，這個先例開了，人家胡正也提出來你可咋辦？我把話給他說這兒了。周振義說我已經答應人家了，也沒轍了。後來他和文學院商量，臨時借他一間房。後來那些作家找他了，說我們副主席兩人一間房行不行？周振義才明白惹下麻煩了。」

焦祖堯退下來後，確實對毋小紅表示了不滿：「我這人還是很自覺的。西戎退下來後，過了一年才給我騰的辦公室。我一退，馬上就把辦公室退出來。毋小紅也做得太絕了，這個月開始，把我的手機費200元也停了。我還是名譽主席，還是全國作協主席團委員，好多人山西的事還找我聯繫。馬烽去世，北京的好多人電話打不進來，都是通過我瞭解情況，我還正在路上，在車上一通話就是半個多小時。我能把手機停了？」

同為黨組副書記的張不代說：「老焦這人，毛病太多。退下來了，還弄了許多不愉快。辦公室給主席、書記配備的電腦，他搬出去。電腦當然應該留給新主席，可他也要搬。汽車他也不放，說是他打報告要的。張平好說話，什麼也沒

讓思想衝破牢籠
　　　——胡正晚年的超越與侷限

計較他。」

　　與焦祖堯形成鮮明對比的是：1984年山西省作協文聯分家，作協成為獨立的一個廳局級單位，胡正出任新一屆黨組書記，主政山西作家協會。當年辦公室極為緊張，各職能處室的辦公室還分不過來。胡正作為新任黨組書記，卻自己提出來不要辦公室。在訪談中胡正對我說：「我幹了四年黨組書記，沒有一間辦公室，沒有一個辦公桌。有什麼重大事情需要研究了，就是會議室開個會，然後，就是到各個辦公室串串門，轉一轉，嘻嘻哈哈說個笑話，純粹一個甩手掌櫃。」

　　在對胡正的訪談中，我談到焦祖堯與胡正執政理念上的區別。

　　焦祖堯曾向我講過關於李束為「領導權威」的例子：李束為執掌文聯之時，有一次上衛生間，發現有人把屎拉在了便池外，於是馬上興師動眾，召集全體機關人員開「現場會」。當著全體職工，李束為是頤指氣使，全場鴉雀無聲。焦祖堯嘖嘖讚歎地說，李束為一聲吼，全機關嚇得抖。這是何等權威？言下流露出「無比嚮往」之情。

　　胡正聽後說：「這是一個誤會。你作為一個領導，你民主作風越好，大家越是尊重你，你越是獨裁，大家背後罵你呢。就說李束為，你一個群眾團體，人家都怕你，你就是好領導？」

　　在訪談中，胡正還說了這樣一番話：「像作協這樣的單位，職務只是個空架子，大家不是尊重你的職務而是尊重你

的人品。威信來自你人格的力量。你幹得好，大家自然尊重你，你幹得不好，大家照樣不賣你的帳。對這個你要有清醒的認識。你事情沒做對，人家即便當面不敢說你，背後也要議論，背後還敢罵朝庭呢。這是最要命的。」

南華門大院的人們評議說：在胡正身上，最少官氣。最沒當官的架子。

胡正在秩序井然的官場，處處透出一股離經叛道的「異類」氣味。

二、胡正說：

我們是提一個主編，又不是豎道德楷模

在懷念胡正的諸多文章中，許多晉軍崛起中的重要作家，都深情回憶了在自己人生的關鍵時刻，胡正所起的決定性作用：

周宗奇為我講述過貫穿他一生始終的「作家夢」。

周宗奇說：「我的寫作才能，從小學到中學到大學，都是全校出名的。大躍進時放衛星，叫我這中學生放的衛星就是寫一部長篇小說。但是，大學畢業，分到霍縣礦務局辛置煤礦。我對第一次下煤窯印象可深了。一開始是分在南下莊礦，是個斜井，不坐罐籠，六百六十級臺階，一級一級往下走。鼓風機勁可大了，呼呼的聲音，吹得你啥響聲也聽不見。我從小要當一個作家，這一下跌落到黑窟窿裏，覺得這一輩子全完了。」六百六十級臺階，周宗奇記憶猶新。他就這樣一步一個臺階，走進人生低谷。

周宗奇還向我講述了他的「自殺」，那段不堪回首月明中的悽楚經歷：

「68、69、70，這三年是咱們國家最暗淡的歲月，也是我心情最灰暗的年頭。你筆桿子有兩下，寫材料就把你抽上來，可關係還在隊裏，出身不好，不敢給你調動工作。這種過了今天不知明天怎樣的日子，對人的心靈是最煎熬的。希望總不斷湧現，可希望後面是更大的絕望。我從72年開始寫作。寫作成為一種渲洩，一種排遣，成為一種精神的支撐，真正成為你生命的一部分。……你知道不知道？高爾基剛剛走上創作之路時也自殺過，用手槍對準自己的胸膛，打偏了一點，沒有射中心臟，把肺葉打穿了。我

能理解高爾基，一種對自己能力的懷疑，一種對過平庸生活的恐懼，大於死。死其實是想活得更美好。現實主義者很容易走向實用主義，而理想主義是最脆弱的，一旦理想破滅，他就絕望了。少年維特之煩惱，青春期的騷動。我氣得不行，心想我這一生，沒有做過任何壞事，怎麼就攤上這麼一個命。什麼天生我才必有用！前途的亮光在哪兒呀？心情非常不好，我當時就真不想活了，準備了一瓶安眠藥……喝是喝了，卻鬼使神差地沒能死，命不該絕呀。」

周宗奇在悼念胡正的文章中寫道：

> 也就在這時，馬烽、西戎、胡正三位先生出現了。他們不知為什麼事來到臨汾，問文聯主席鄭懷禮有沒有發現「好苗子」。胖呼呼的可愛的鄭老頭後來告訴我，他說霍礦有個娃寫的不錯。他第一個就推薦了我。於是乎，一個電話把我叫到了三位先生面前，算面試吧。北返時我們同車。胡正先生問我：「想去太原工作嗎？」我的心狂跳不已，我說想去，其實我想說的是，這不是做夢吧！車到辛置站，我不得不下來，望著北去太原的火車，我禁不住熱淚長流……

鄭義給我講過胡正調他時的情形：

「我是從晉中師專畢業分配到晉中文聯的。在《晉中文藝》當一個普通的編輯。是胡正去晉中把我調出來的。那時候，幾次調我，晉中宣傳部就是不放，一是他們有人使喚，

就不願意放，把你當個勞力使；再一個宣傳部對我也不好，他們對於改革的一套恨之入骨，那時候還只有黑白電視，他們看電視的時候還罵鄧小平個子低，胡耀邦個子低。對那時的分地、責任制那意見大了去了。他們敏感到改革會剝奪他們的權力。我那時候的思想，和他們完全不是一個道岔，我的那些作品，〈楓〉呀什麼，他們都很反感，很不喜歡，所以他們處處卡我。胡正仗著他是老革命，面子大，到榆次去和他們喝酒，在酒桌上再三訂正，才和他們談定的。所以我是很感激胡正的再造之恩的。我被晉中宣傳部這幫官僚卡著，我就沒活了。沒準早把我批鬥了。胡正好，人性就好。我至今記得，胡正那次去喝酒，差點沒把我喝死。現在回憶起來挺危險的。胡正去了很明確就是要把我調回去，這次來了就把我帶走。晉中宣傳部，還有地委什麼領導，陪胡正一起喝。胡正在酒席上談得很細，連具體辦手續的問題也談妥了。他們看我是必走無疑了，也阻擋不住了，就灌我酒。我心裏也高興，我也挺感動的，胡正能為一個年輕人費這麼大心思，下這麼大功夫。所以那天誰給我酒也喝，來者不拒，就喝多了。喝得大醉。難受的不得了，胡正在賓館有一套房子，中午在那兒休息。我難受得不行，就跑那兒吐去，吐了還不行，坐立不安，拚命喘氣，那種深度中毒的感覺。就躺在它那澡盆裏，一會兒顛過來，一會兒顛過去，在澡盆裏輾轉反側，你說它要能睡過去也行，它又睡不過去。你還怕人笑話，要維持一個體面，就在裏面插了門。胡正回來了要上廁所，就敲門，我想

我這人不人鬼不鬼的，怎麼能開門。老胡敲半天敲不開，奇怪，這裏面沒人這門怎麼鎖上了？過一二鐘頭，我清醒點看，那澡盆裏劃了無數黑道，我穿雙黑皮鞋麼。可見那一場折騰。所以後來我對胡正是畢恭畢敬的。胡正這人，不僅對我有知遇之恩，而且思想上也極度開通。」

胡正講了他調鄭義的原由：「調鄭義的時候，那時看了他寫文革的作品，〈楓〉呀幾篇，我說這個人有才氣，有靈氣。主要是考慮有沒有後勁，有沒有潛力。是對創作隊伍的培養。不考慮關係，也不考慮什麼家庭呀其他的。也不考慮與我關係是不是走得近呀，是不是對我巴結。不考慮這些。」唯才是舉。

1999年9月胡正與周宗奇在作協大院

我在胡正寫於1985年5月13日〈黃河浪滔滔——一九八五年春我省小說創作述評〉一文中，看到這樣的文字：

> 　　鄭義的中篇小說〈遠村〉，先是獲得福建省《中篇小說選刊》的優秀作品獎，又榮獲中國作家協會第三屆（1983-1984年）全國優秀中篇小說獎。鄭義的〈遠村〉寫了太行山裏一對情人熱烈而又辛酸的愛情，他的〈老井〉也是寫一對情人的熾熱的愛情，而最後又是那樣無可奈何花落去，似水流年如何回！通過一對戀人的愛情生活的起伏波浪，反映當時的社會生活風情，這是鄭義小說的特色。如他的處女作〈楓〉，以及〈仇戀〉，這是兩篇否定文化大革命的佳作，而〈遠村〉和〈老井〉則是粉碎「四人幫」前後的優美的詩篇。鄭義小說中的感情是那樣激烈地震撼心魄，使人有撕心裂肺之感。

　　文章中透露出胡正的一片惜才愛才之心。

　　我1985年大學即將畢業，那時，胡正已任分家後的作協黨組書記，主持作協的工作。胡正熱情相邀，希望我畢業後來作協工作，任作協副秘書長或者《山西文學》副主編。我擔心自己資歷淺水平低，胡正向我表達了他的用人理念：「在用人上，我對論資排輩啦，過去的條條框框啦，少一點。要幹一番事業，就要不拘一格，敢於提拔年輕人。關於年輕不年輕，我自己就有體會，我三十二歲就擔任了文聯秘書長。再年輕一

些，二十來歲，我在《晉綏日報》當副刊編輯，又是記者，還對外聯絡，什麼事也幹。你要給年輕人壓擔子。我們不是說，在幹中學，在戰爭中學習戰爭。年輕人精力旺盛，正是幹的時候。年齡大了，對未來的事情就想得少了，難免會保守，要把事業搞得活躍、興旺，就要用年輕人。」胡正在與我談話時說：「現在剛分了家，萬事待興，辦公室很需要人。作協寫家不少，可適合做行政工作的人不多。你在南文化宮也搞過行政，有一定的工作經驗，現在，辦公室就樊培德秘書長，準備提王子碩副秘書長，你也是副秘書長，一起幫我照理行政這一攤子。」說著，胡正大概是覺得我也是搞寫作的，是不是會不願意搞行政，又善解人意地說：「當然，編輯部也向我提出需要人，議論過你，你要想去編輯部也可以。」

1949年冬，胡正在晉西北興縣高家村晉綏日報社院內

1985年11月，胡正率領山西作家代表團出訪日本

後來，因為我們這批學生當年是帶薪學習，畢業後必須回原單位服務，所以調動遇到阻力。胡正馬上給當時任太原市委書記的王茂林寫了信，還託人與當時我的頂頭上司王德珩交涉，雖然最後沒有成功，但胡正先生對人的一片真誠熱情刻骨銘心。

在我對胡正的訪談中，胡正向我談到他的用人理念：

胡正說：「我就是要大膽啟用年輕人。我對我們過去的那一套幹部路線不太滿意，一看幹部就是說出身成分，說過去犯過錯誤沒有，有什麼問題，社會關係，不是首先看他幹得了幹不了。簡直是，我那時候就挺反感這一套。可是那時候我不當權，也做不了主。1984年文聯作協分家後，我當了黨組書記，說話管用了，我就要改變這種用人風氣。那時候提李銳，說他家庭怎樣怎樣，我不考慮家庭出身，過去有什麼問題了，那時候還挺強調這些。我說，別說這些，文化大革命中查三代，誰家鍋底上沒查出點黑？我們先說能力，說幹得了幹不了。當年，提張石山的時候，他正在弄離婚，機關吵得沸沸揚揚，有不同意見。我堅持，我們是提一個主編，又不是豎道德楷模。家庭的問題是他的個人私生活，我們沒必要干預。在提鄭義當《黃河》副主編上，也有這個問題。」

胡正還說：「再一個是放手不放手。用人不疑，疑人不用。《山西文學》也好，《黃河》也好，敢於放權。不要讓人當家不做主。讓人家放手去幹。我的意見，包括任何領導的意見，有對有錯的，你不要總說自己的意見。這是文化革命以後的解放。我們明白了一點什麼呢？文化革命以前，我們總認為

領導高明，中央高明，其實不是，誰也要犯錯誤。毛劉周朱，誰不犯錯誤？誰也有對的一面，誰也有錯的一面。沒有一個聖人。放手讓人幹，各種思想，各種方法，讓人發揮出來。給人設定框框就不好了。再一個是寬鬆，大家活躍。文藝思想上要寬鬆，政治思想要寬鬆。百花齊放百家爭鳴麼！固定一種方法一個流派的結果就是僵化。我自己就有這個體會，一個領導指揮得十分具體，你要這樣幹，他讓那樣幹，弄得你無所適從，沒有創造性了。積極性發揮不出來。實踐證明年輕人幹得挺好。再一個你也輕鬆，事半功倍。」

一九八四年，山西省文聯作協分家，胡正擔任了山西作協的黨組書記，成為真正意義上的一把手。正是在胡正當政期間，一大批新時期湧現出來的中青年作家被破格提拔到重要崗位：《黃河》主編成一、副主編鄭義、韓石山，《山西文學》主編張石山、副主編李銳、燕治國，還有副秘書長王子碩等。也正是由於胡正創造的寬鬆的環境，在山藥蛋派的這塊土壤上，一時間百花爭豔，形成了「晉軍崛起」的大好局面。

邢小群在〈伯樂、盟主與山頭〉一文中，談到了胡正對山西青年作家的栽培，她發表了頗見深度的一番感想：

> 藝術需要天賦。文學是語言藝術，自然也需要天賦。現代高等教育引入工廠化的大規模培養人才方式。大學可以培養學者，卻很難培養作家。作家的寫作能力實質上都是憑著一定天賦，靠著自己的悟性摸

索出來的。但新作家被社會承認，往往需要已經獲得社會承認的老作家的發現和認可。尤其在互聯網出現以前，一個無名作家寫得再好，如果得不到發表和出版的機會，還是會被埋沒。過去實行國家把文學全都包下來的體制，一個有文學才華和潛質的人，能不能獲得體制的認可，對於他天賦的發揮，顯得至關重要。所以，一個執掌作家協會領導權的老作家，或者一個有權發放通行證的出版社或雜誌社的主編、責編，既可以讓一個新作家破土而出，也可能讓一個天才永遠埋沒。北京、上海這些文化中心城市，出作家多一些不奇怪；而到了省城一級，有的出作家多，有的出作家少，同樣的大歷史環境，文學發育程度差別很大，其中一個極重要的原因，就是那裏的作家協會有沒有伯樂當家。有，就可能使新作家在幾年內成群地湧現；沒有，就可能讓當地的文壇一派蕭條。

這種老作家和新秀之間的發現與被發現，提攜與被提攜的關係，古往今來成為一種特殊的師徒關係。那些聲望高、氣場大，或在體制內握有評獎、人事安排權力，善於慧眼識珠，有發現新秀的歷史自覺性的人，往往成為一方文壇的盟主。盟主不同於行政隸屬關係，而是藝術修養、文化聲望和人格魅力的體現。

胡正對「晉軍崛起」功不可沒。

三、你是不是他們自由化的

總後台？

張石山在《穿越——文壇行走三十年》一書中，有這樣一段記載了換屆後的胡正：

> 　　我沒有直接聽到馬烽批評胡正。但有人傳言說，馬烽嚴厲批評了胡正。他說，就是你提拔起來一批白眼狼！
>
> 　　換屆大會閉幕之後不久，我曾經去家裏看望過胡正。……胡正老師和夫人郁波都在客廳裏。
>
> 　　晚間的燈光下，胡老師和夫人眼圈都紅紅的。
>
> 　　或者，那正是剛剛挨了馬烽的批評之後吧？
>
> 　　時辰不正，氣氛不對。我不知道說些什麼好。語無倫次地告辭，惶惶退了出來。

　　也許可以這樣說：胡正在開創一個新時代的同時，也是在埋葬一個舊時代。破字當頭，立字也就在其中了。胡正是真正意義上的「承先啟後」的人物。

　　訪談中，胡正對我說：「換屆以後，馬烽對我的意見主要是我對青年作家，我對鄭義、張石山這批中青年作家，他是嫌我對他們太放任，太縱容。沒有嚴格地要求他們。主要是這麼一點。我很尊重他，他也沒有對我公開地不滿。當然人對人的看法不可能完全一致。」

　　周宗奇在〈胡正恩師祭〉一文中，回憶到胡正這樣一個情節：

讓思想衝破牢籠
　　——胡正晚年的超越與侷限

1979年，我發表了新作——短篇小說〈新麥〉。不料引出一個不大不小的麻煩。河南等省先後有幾位縣太爺告「御狀」，說〈新麥〉是給大好形勢抹黑，應追究作者責任（有的告到中央組織部，一位姓高的大學同學在那兒工作，事後講給我聽的）。省內也有一位縣太爺找上門來說事。又多虧當家的父輩們替我遮風擋雨，大事化小，小事化了。尤其胡正先生特別約我說：你該出個集子了，別忘了把〈新麥〉鬧上。我來寫序。他在序中寫道：「周宗奇是一位富有熱情而又勤於思索的青年作家。」「他在保持前幾年創作的特色，即飽含激情描繪善良的普通人的同時，開始了較深的探索。」「〈新麥〉是一篇有著較大社會影響的佳作。他寫了『四害』橫行時一個縣委書記為了邀功而虛報產量，使得全縣人民挨餓，他卻高升……的故事。揭示了直到今天或者以後都值得深思的問題。」「每當他的小說發表時，就以其真摯的感情，使人感奮的力量，和他所著力塑造的一些感人的人物形象，以及發人深思的社會現象吸引著我，以至在這本小說集出版前我又重讀他的作品時仍不減興味，這就是我所以喜歡他的作品的緣故。」

在現實的黑暗與苦悶中，重寫歷史成了魯迅晚年縈繞心頭的一個想法，其中他特別提到了「文禍史」。1935年，魯迅問唐弢能不能編寫一部中國文網史。而半個世紀過去，這

樣的文網史，由於眾所周知的主客觀原因，至今尚無人敢涉及。周宗奇立下宏大創作計畫，要完成一部幾百萬字的《歷代文字獄》，並率先推出了八十多萬字的《清代文字獄》。作家王東滿寫得一手好字，專門為周宗奇的《文字獄》題七言絕句一首，寫成一斗方：「臥石聽濤觀星漢，由心率性著文章，字字珠璣濺血淚，錚錚鳴鏑射天狼。」書中雖然是寫的清代文字獄，但其中借古喻今指桑罵槐含沙射影之「司馬昭之心」，路人皆知。這樣「敏感」的一部書，為意識形態領域所「封殺」，也就不足為奇了。周宗奇在〈胡正恩師祭〉一文中寫道：「胡正先生最為開明，見面總會關切地問：文字獄寫到哪兒了？有什麼困難沒有？要寫就寫完，別半途而廢；出版不了別氣別急，放一放，慢慢會好的……」

鄭義也向我講述過胡正在他身上的一件「開明」之事。

鄭義說：「有一次，我與劉賓雁同車南下，他向我談起廣西文革中的大屠殺和人吃人的慘劇。文革時，我在廣西就略有耳聞，但恍若天方夜譚，教人難以相信。1984年，我在北京改〈老井〉，一位廣西作家向我講述了他親歷的種種人吃人慘景，言之鑿鑿，使我不得不信。從那一刻起，我就動了寫這一題材的念頭。可是，想來容易做起來難，難於上青天。作協領導那裏恐怕就通不過。」

馬烽在創作談中說過這樣一番話：「有的作家專門去寫那些偏僻荒涼、貧困落後的場景，甚至是專門挑那些愚昧無知、醜惡怪誕的細節，以一種欣賞的眼光去展覽。生活中不能說沒有醜惡現象，但畢竟是個別的。不知道作者為什麼

對這些東西特別感興趣。這不僅醜化了中國勞苦大眾，也傷害了海外華人的感情。每個人都有母親，每個人都熱愛他的母親，但很少有人在大庭廣眾之前宣揚他母親的缺點，醜陋以及見不得人的某些行為。這是個什麼問題？很值得我們深思。」

鄭義所要涉及到的題材，已經不是落後醜陋的問題了。簡直可以說是殘酷、血腥。

鄭義說：「那年頭你去採訪一件事，如果沒有作協的介紹信，人家不接待，你是寸步難行。這是沒法回避的事情。我只能硬著頭皮去找胡正，他是新上任的黨組書記。我不能糊弄人家，把人家領導蒙在鼓裏。我把事情原原本本都和胡正講清楚了。你要知道，那還是八十年代，是一九八六年，正是反對資產階級自由化、反對精神污染最厲害的時候。我已經有了他拒絕的思想準備。要是碰上個不開明些的領導，那不得了，這題材太敏感，你碰上一黨官，有可能反對你幹這事。你猜他說什麼？他就像沒聽見我剛才說了些什麼，眼睛看著別處，帶些狡黠地眨麻眨麻眼睛說：『一次正常採訪，我就支持作家深入生活瞭解情況掌握第一手材料。』給我的感覺，整個一裝瘋賣傻大智若愚。」

鄭義說：「胡正說著『哈哈』一笑，就讓辦公室給我開了證明。」

鄭義兩下廣西，履險歷難，密密麻麻記了三本採訪筆記。

鄭義說：「採訪結束我回來後，把採訪筆記全部讓胡正看了。胡正看了以後，感慨萬分，完全是站在同情和支持

我的立場。這對於當年一個共產黨的黨組書記，非常了不起了。胡正說，這是一件非常有價值的工作。也許當前發不出來，但一個作家有責任為歷史記錄下這些真實資料。」

趙瑜給我講過胡正為他召開作品研討會夭折的經過。

趙瑜說：「寫紀實作品，不怕縣官，就怕現管。你觸動了其他領域上層的事，比方說惹下了國家體委，那不怕，天高皇帝遠，他心中有火，也是鞭長莫及撒不到你身上。可你觸及到地方上就不一樣了。我寫的《太行山斷裂》，捅得是省委這個馬蜂窩。省委書記李立功就公開說，這個作者必須處理。可是，胡正還張羅著在省公安禮堂給我開作品研討會。通知都發下來了，我都來了太原，可是上面干涉，最後還是被迫取消了。就那胡正還把我叫到他家安慰我：年輕人，以後機會多得很，不要因為一個挫折喪了氣。」

在訪談中，胡正還給我講到在反對資產階級自由化、反對精神污染時的一次會議。

胡正說：「反對自由化的時候，省委宣傳部召開了晉祠會議。這個會上，王東滿、韓石山，幾個作家都上了黑名單，就是韓石山寫的〈磨盤莊〉一些作品受批判那一段。他們做為被批評對象，都通知到晉祠開會。我們也去，我們是做為文藝界的領導。我在這個會上就說，和會上是唱得反調。我說這些年輕人寫了這麼些東西，也許有些問題，可是是不是自由化？這個綱上不上？這個問題要慎重，還需要好好分析分析。當時三劉麼，劉舒俠、劉江、劉貫文（都是當年山西省文藝界的領導），他們在會上就是貫徹上面傳達下

來的這個。我說，我們山西不存在自由化的問題，作品寫的放開一點，九個指頭和一個指頭的問題，談不上自由化。當時空氣很緊張咧，所以我說得這個話，在會上還起了一些作用。後來他們開玩笑說，老胡，你是不是他們自由化的總後台？」

為了保持歷史的真相和原貌，我將胡正看過我寫他的初稿〈晚霞行千里——胡正對「山藥蛋派」的超越〉一文後，與我談話的有關此段錄音文字記載如下：

胡正說：「這裏有個個別的真實和整體的關係。我們的現實生活中，確實存在悲劇的一面，但你更應該看到共產黨領導人民取得巨大成就的一面。我當時對鄭義的態度並不是寬容的沒有了原則，我當時就警告過他，我並不贊同鄭義去寫廣西的『人吃人』事件。我作為一級黨組織的領導，我會鼓勵他去寫社會主義制度下的『人吃人』？我是支持鄭義深入生活，和他的觀點絕對是不一致的。可選擇的題材很多，我也相信他記錄的這些都在文革中發生過，但你為什麼偏偏要選擇它呢？放著那麼多正面的不去寫，哪壺不開偏偏提哪壺？」

胡正又說：「你文章中寫到當年晉祠會議，是有那麼回事，他們三劉，對於年輕人的批判調門太高了，好像把他們作為資產階級精神污染的反面典型，我是與他們有一些些不同，這是我的態度。但你把當年的宣傳部長，指名道姓地點出來，這就有些不好了。你對晉祠會議發表你的看法，這我沒意見。但你在說我的看法的時候，我就不大同意了，因

為他們當年在那個位置，也是沒辦法的。再說過去這麼些年了，需要亮明的就亮明，不需要亮明的，讓它過去就完了，一切向前看麼。」

胡正還說：「他們有他們的難處，他們也是執行上面的意圖。他們和我都是好朋友，有的現在還活著，你把他們直接點出來，讓我們再怎麼見面？」

胡正還說：「我和你作為朋友之間交談，隨便說說可以，見諸文字就不好了。你要愛護朋友對你的坦誠，朋友和你無話不說。你把它都公之於眾，你不是害了朋友？」

我這樣回答：「現在寫當代人物傳記和紀實文學，就是有這個問題，有些細節和人，倒是不涉及禁忌的敏感問題，比如說晉祠會議和三劉，可當事人都還健在，就變得有問題了。一些當事人的思維，不是說我當年為什麼整了人，給對方造成多大的傷害，卻總還是站在自己的立場，是說你為什麼這麼些年過去，你還要揪住我不放，揭我的短。傳記文學和紀實文學的生命就在於真實，你不能直言不諱地點出當事人名字，而是含糊其辭地隱去其名，籠統說張三李四，那不成了小說的虛構，還有什麼紀實可言？」

胡正堅持說：「我就是這個意見，如果是採訪我的話，你可以這樣說，當時，或者說據說是當時的領導是這樣，最多是這樣的，你一定不要點出這是我的話，這是我的意見。」

讓思想衝破牢籠
——胡正晚年的超越與侷限

四、小荷初露尖尖角

一九七七年，山西省文藝工作室剛剛恢復，我借調在《汾水》雜誌（《山西文學》剛復刊時的名字）當編輯。

　　那時候，西戎主持工作並主編《汾水》雜誌。講故事是山藥蛋派作家的長項，西戎非常善於講故事，講得繪聲繪色妙語如珠，在講述中，常常會不經意地帶出他們當年的一些往事。最初胡正的印象，就是從西戎嘴裏勾勒出。

　　我記憶中西戎講過胡正這樣三件事：

　　一九四一年，西戎、胡正他們的呂梁劇社到新成立的「部隊藝術學校」深造。在學校，每天早飯是小米稀粥，中午、晚上都是小米乾飯。逢年過節才能吃到一頓白麵。三八婦女節也只給女同學吃一頓白麵蒸饃，男同學仍然是小米乾飯。平時吃不到肉，菜也很少，在一大鍋水煮的蘿蔔、山藥蛋上面滴幾點油花，給每人碗裏打上半勺，就算澆上燴菜了。到入夏收了小麥，學校裏調回白麵，總算能吃麵條了。但也只是「稀湯寡麵」。清水裏煮些蘿蔔菜根，不多幾個麵片。校方又明令不准把稀湯倒掉。每天吃完飯上過一節課，肚子裏便「饑腸響如鼓」，咕嚕咕嚕叫起來。西戎說：大家都爭著想多喝幾碗、多吃幾個麵片。可性急喝不得熱湯麵，急三火四地喝。嘴裏都要燒起燎泡了。頂多能吃上二碗，還想吃，大鍋裏沒啦！不知胡正這傢伙有什麼特異功能，竟然能一氣連吃六七碗！眾人驚訝，問胡正，他狡黠地一笑說：我嘴大，吃得快嘛！當然沒幾個人信的，可又誰也解不開其中之謎。直到時過境遷，胡正才傳授了其中奧秘：胡正說，起初的時候，我也只是想了一個不太聰明的辦法：把飯碗伸

到飯桶上打飯時，讓飯碗傾斜一些，使麵條留在碗裏，湯灑出去一些。但炊事員比你更聰明，打飯時只給你打半勺，根本不讓你灑出來。後來有一次，我發現我的碗下有一條小小的裂縫，能漏下湯水來，我受了啟發，乾脆把裂縫弄大，打麵條時用指頭捂住，打出飯來再把手指鬆開，稀湯漏了，不就吃上乾麵了？大家忿忿不平，埋怨胡正有這樣好辦法為何不傳授給大家。胡正笑笑道：法術巧妙，會玩的人多了就不靈啦！

另一件事是：

「部隊藝術學校」在橋兒溝，住得是窯洞。每隔一月左右，就要到幾十里以外的地方去背炭，供伙房燒用。有一次背炭，走了四十多里路，翻過一座山後，天已經黑了，背上的炭也覺得越來越沉。當時正值盛夏，身上火燒火燎，嘴裏唇乾舌燥，又饑又渴。正好這時路過一片西瓜地，大家恨不得進去吃個痛快，可身無分文，又顧忌「三大紀律八項注意」，讓人給抓住。又是胡正給大家出「餿主意」：先讓一人到瓜庵裏和看瓜的人攀談，胡正和西戎倆人在夜幕的掩護下爬進瓜地抱出兩個大西瓜。然後到路邊的樹叢後面，在炭塊上砸碎，不管西瓜是不是熟了，也顧不上西瓜上還沾著煤渣，便大吃起來。

還有一件是：

在「部隊藝術學校」學習期間，大家利用空隙也會到學校外散步。外面是農民的一塊蘿蔔地。鄉下出來的小後生麼，免不了會生出一種饞相，實在想拔一根來嚐嚐。可是不遠處就

有崗哨監視，大家是「有賊心無賊膽」，只能壓下饞焰，空嚥幾口唾液罷了。然而胡正有辦法！他也假裝散步，指手畫腳的觀山看風景，腳底下卻使出功夫，將蘿蔔從半截踢斷，踢出地邊來；爾後再假裝繫鞋帶，將蘿蔔頭子收入囊中。

　　胡正在〈部藝生活拾趣〉一文中，還回憶了這樣二個「腦子活套」的細節：

　　　　一天晚飯後，我們幾個同學在山坡上散步時，忽然發現草叢中有一顆雞蛋。又走幾步，又在草叢中發現了一顆雞蛋。我們以為是老鄉的雞跑出來下的蛋，不好隨便拿走。過了兩天，我們發現雞蛋還在草叢裏，而且看來有很長時間了，雞蛋上已蒙了一層灰黃色的塵土。我們又看見，一隻公雞趕著一隻母雞跑到我們教員住的院裏去了，我們就知道了，這雞蛋不是老鄉的，是教員的。我們很久很久沒吃過雞蛋了，這是大自然的恩賜，我們總不能把雞蛋放壞了糟蹋吧？我們幫他們收了吧。於是我們利用晚飯後的散步時間，兩三天就拾回來二三十顆雞蛋。有福大家享，我們把幾個教員叫上一起改善生活。可是光雞蛋會餐是不夠的，我們幾個年輕學員便在口袋裏裝上幾團小米乾飯，到村子裏轉遊[6]，一天下午，終於用小米乾飯引來一隻野狗，我們先用木棍把狗打昏，

6　轉遊：山西土話，閒逛的意思。

然後殺了。用狗皮把骨頭和內臟包起來，刨個坑埋了。然後做了一盆涼拌狗肉，一盆熱燉狗肉，一碗炒雞蛋，一碗煮雞蛋，還有一盆雞蛋湯，也可謂四菜一湯了。

我們的工作是緊張的，每天上午看稿，下午編稿，晚飯前後送審，遇到晉綏分局所在地北坡村演戲，我是每次都去看的。報社所在地高家村離北坡村十幾里路，看完戲回來再劃版，肚子餓了，就用燈油炒小米飯吃。雖然北坡村有一家賣零食的，但我沒有錢，或者只能偶爾吃一點。那時沒有工資，稿費標準也低，稿費是以小米為單位計算的。一千字批給一二斗小米，再按當時市價折合為邊區鈔票。編輯部的同志經常開夜車，都是用燈油炒米飯吃，小米飯是吃晚飯時帶回來的。總務科的同志發現了我們多領燈油的秘密，要在麻油中摻煤油，最後在我們的反對下，只好作罷。

燕治國在〈再把手杖甩起來〉一文中，還對青年胡正有這樣一段描繪：

離開延安，胡正到了戰鬥劇社。忽一日聽說二十里外有劇團演出，便趕了去看紅火熱鬧。看罷戲肚餓，就想到戲臺對面的廟堂。廟裏香火繚繞，果然有貢品在案。先將饃饃吃掉，理由是幫助泥胎消受。

再揭走紅綢一條，以做汗帕使用。臨走還抱了一沓黃表，權作壁報稿紙。神仙怒與不怒，小胡實在顧不得祂了。

　　馬烽、西戎、李束為、孫謙生前都有對自己早年部隊生活的回憶文章，諸如馬烽的〈軍旅生涯〉、〈延安學藝〉、〈扎根呂梁山〉；西戎的〈往事記趣〉、〈吸煙憶趣〉、〈我是山裏娃〉；李束為的〈記憶中的東平湖〉、〈無聲的戰鬥〉；孫謙的〈一件山羊皮短大衣──憶延安「部藝」文學隊〉、〈紫團洞，紫團洞──我入黨的前前後後〉等等，從中給人的印象是：這些「山藥蛋派」作家，正統正派循規蹈矩亦步亦趨不敢越雷池一步。而胡正的這些「小花招」，顯然使他成為「五戰友」中的異類異數。

　　中國有句老話：「三歲看大，七歲看老。」是說一個人童年時就會顯露出許多成年後的性格特徵。前蘇聯的戲劇大師斯坦尼斯拉夫斯基在他創立的「斯坦尼體系」中，有一個核心論點：演員在舞臺上創造角色，關健是尋找出角色身上潛在的「種子」。舞臺小世界，世界大舞臺。在人生舞臺上，早期青年胡正身上的這些細節，大概正是形成日後作家胡正這一角色的「種子」。在青年胡正身上，小荷才露尖尖角，已顯現出與其他山藥蛋派作家迥然有異的「個性化特徵」。

　　我是把以上情節作為塑造胡正的「光輝形象」來描述的。沒想到的是，對同一件事，卻是「橫看成嶺側面峰，

遠近高低各不同」，不同的思維觀念，竟會得出截然不同的結論。

胡正在看過我寫的初稿〈晚霞行千里──胡正對「山藥蛋派」的超越〉一文後，說了這樣一番話：「有人看了燕治國的〈再把手杖甩起來〉，對我說，那是誇你呢？那是貶你哩！」

胡正還說：「那些事情也有過，我在回憶文章中也寫過，但你把它們這麼集中起來放一塊，就給人產生一種誤解，好像胡正當年就是革命隊伍中的一個搗蛋鬼，壞小子。其實我與馬烽他們也沒多少差別，僅僅只是我比他們更活套一些。」

「黨性」和組織紀律的緊箍咒，不斷地把「活套」的個性，納入到「與中央保持一致」的軌跡上來。

胡正在愛情婚姻上曾歷經坎坷，聽說為了實現現在與郁波的這段婚姻，曾受了很重的處分。他是背著處分來到山西。如今五十年過去，胡正與郁波金婚的事實，已然證明了這次選擇的正確。

胡正講過這樣一個細節：「在文講所學習期間，

1952年春，胡正在丁玲主持的中央文學研究所學習

會上，丁玲老師給我們講起了《白蛇傳》，她講述了白娘子不顧上界條律的束縛，勇於追求自己婚姻幸福的精神。這次小組討論會上所討論的其他文學名著都記不得了，而丁玲老師談的《白蛇傳》則使我至今難忘。」

我不知道丁玲所講情節與胡正的婚姻間有什麼關聯，我只是能感受到白娘子與許仙的愛情故事，對胡正的心理產生了重大影響。

周宗奇對胡正說過這樣的看法：「胡正天生的個性裏，就有一種反叛的精神。在當年那麼一種嚴酷的環境下，人們一直對胡正的生活方式生活作風有許多議論。要讓我看，這正是胡正追求思想自由，放任不羈，不受你陳規戒律的束縛，正是人家胡正張揚的個性特徵。這不是一種缺點，這是

2010年作者與胡正、郁波夫婦在胡正寓所合影

讓思想衝破牢籠
——胡正晚年的超越與侷限

對壓抑本性的釋放。這表現的是一種生命激情。你別看他們道貌岸然地把自己包裹得緊緊的，內心未必沒有矛盾衝突。包括老西老馬，他們沒有？表現得很虛偽。老胡是表現出來了麼。」

　　胡正在看到以上文字後說：「這個問題不是三句二句話能說清的，還是不要說了。」我知道，這是胡正一個諱莫如深的傷疤，從來都是三緘其口。我可以理解，雖然我有著為胡正辯解的充足理由和依據，但躊躇斟酌再三，還是尊重當事人的隱私意願，避開這一話題。

讓思想衝破牢籠
　　——胡正晚年的超越與侷限

五、趙樹理，談論「山藥蛋派」

繞不過去的話題

在提起山藥蛋派時，人們更多地是談到趙樹理與山藥蛋派之間的不同。

山西大學教授張恆在〈一道消逝的風景線──「山藥蛋派」文學的回眸與審視〉一文中，專設一章節：「別貶低了文學大家趙樹理」，做了如是闡述：

> 趙樹理與「山藥蛋派」作家最為不同的一點是，面對當時甚囂塵上的錯誤傾向，趙樹理表現出了強烈的抗爭精神和批判意識。1958年，趙樹理在山西晉東南蹲點時，就因反對「盲目冒進」與地方領導多次激烈論戰，對所謂文藝放「衛星」的荒唐運動，也公開撰文堅決予以抨擊。1959年，他又寫了一篇〈公社應該如何領導農業生產之我見〉，大膽揭露了「大躍進」中的種種問題，並毅然上書中共中央機關刊物《紅旗》雜誌，結果被轉回他工作的中國文聯。趙樹理因此遭到嚴厲「批判」，被斥之為和彭德懷「反黨意見書是一個腔調」，「大肆攻擊三面紅旗」。而趙樹理卻表示，「我最厭惡的是放空炮、不實的壞作風，因為它一坑國家，二坑人民。」並不認錯。六十年代初，趙樹理對當時所謂的階級鬥爭的嚴重估計以及稍後的「大寫英雄人物」的說法均提出過質疑。他「相信自己的眼睛」，所以，在這幾年中，因為「真話不能說，假話我不說」而僅僅留下的幾部作品如《實幹家潘永

福》、《賣煙葉》與劇本《十里店》中，都秉承著作家的良知，真實地反映了生活的陰暗面，而成為抵制極左路線的難得的「頂風」之作。正因為趙

1950年代，「山藥蛋派」五戰友（左起胡正、孫謙、李束為、西戎、馬烽）合影

樹理的不合時宜，後來他又多次在整風會上挨整。1964年又被在報紙上公開點名「批判」，並被調離北京「下放」山西監管。而到了「文革」一開始，他就被山西作為「黑幫分子」、「反動作家」第一個「揪」了出來，並在沒完沒了的「批鬥」中被迫害致死，為自己的正直與真誠付出了生命的代價。

　　粉碎「四人幫」後，當地又遲遲未給趙樹理平反。只是到了八十年代初，某些「山藥蛋派」理論家為了證明「山藥蛋派」的顯赫，才把這位含冤屈死於自己故鄉的作家生拉硬扯了進來。「文革」前，在「山藥蛋派」作家中，有所謂西、李、馬、胡、孫一說。即西（西戎）、李（李束為）、馬（馬烽）、胡（胡正）、孫（孫謙），這時是沒有趙樹理的。「文革」後，有些人巧妙地置換了內容，將西、李、馬、

胡、孫解釋為西、理、馬、胡、孫。於是此李（李
束為）變成了彼理（趙樹理），趙樹理也就成了「山
藥蛋派」作家。其實以趙樹理在當時文壇的影響和地
位而言，他是當之無愧的「國家級」作家。最近，中
國現代文學館又為其鑄了銅像，與魯迅、郭沫若、老
舍、曹禺、葉聖陶等文學大家並列在一起。所以將趙
樹理強行裹挾進「山藥蛋派」這個日落西山的地方作
家隊伍，乃是對這位文學大師的最大貶低。

其他幾位堪稱真正意義上的「山藥蛋派」的作
家，與趙樹理是根本不可同日而語的。雖然面對當時
的錯誤思潮，他們也許感到過一些不解，產生過一些
迷茫，但卻未必能保持多少清醒。對於許多自上而下
貫徹下來的精神，他們更多的不是懷疑，而是對自己
是否理解，是否跟得上的檢點。他們也希望能夠適應
形勢，歌頌時代，能夠以當時倡導的所謂革命化甚至
「三突出」的原則創作……

張恆的文章在山藥蛋大本營中攪起一場軒然大波。

馬烽早在1995年，就在一篇論述「中國當代文學流
派」的文章中，對「山藥蛋派」說過這樣一番話：「曾經
有人問過我，你們山西是不是真有這麼個『山藥蛋派』？
我的回答是，說有也有，說沒有也沒有。這話聽起來有點
耍滑頭。但事實上就是這樣。說沒有，是因為我們這些
人，從來沒有在一起議論過要建立一個什麼流派，更沒有

制定過什麼大家都必須遵守的章程；說有，是因為我們在
創作上有一些相同的，或相近似的特色。從大的方面來
說，我們的政治觀點，對社會，對人生的看法基本一致。
在文藝觀點上，又都是遵循革命現實主義原則。說到具體
創作上，我們都是以描寫農村題材為己任。心目中的讀者
對象就是農民及農村幹部。自己所寫的作品，總希望一些
識字的人能夠看懂，不識字的人能夠聽懂。這樣自然要考
慮到中國農民欣賞文學作品的習慣，以及他們的愛好、興
趣、文化程度等問題。而趙樹理在創作實踐上是做得最好
的。他的作品不僅受到我們的喜愛，也成為我們學習的樣
板。很早以前，我們心目中就認為趙樹理是解放區文學創

2008年5月，在趙樹理文學館揭牌儀式上胡正等山藥蛋老作家紀念樹同時在晉城陳列

作的一面旗幟。……如果說有所謂『山藥蛋派』的話，那麼就是這樣自然形成的。」

馬烽又說：「曾經有不少人問我，你們為什麼不起個高雅點的名稱，而偏偏要叫這麼個土裏土氣的『山藥蛋』呢？其實這根本就不是我們起的，而是別人『奉送』的。早在五十代末六十年代初，有些人瞧不起我們的作品，當然也包括趙樹理的作品在內，他們認為我們的作品像山藥蛋一樣，是上不了大筵席的土貨。這裏面當然含有貶意。但我們沒有在乎，山藥蛋也是一種食品，只要有營養，群眾歡迎，我們就是專門種植山藥蛋，也心安理得。不過當時一些人的諷喻，僅僅是限於口頭，並未見諸文字，也沒有人與之爭論。到了七十年代末，『山藥蛋派』這個名稱才陸續見諸於報刊的有關評論文章，其含義也隨之發生了變化，不僅對之持肯定態度，而且還有一些溢美之詞。大家約定俗成，漸漸把以前的『趙樹理文學流派』、『以趙樹理為代表的山西文學創作流派』、『火花派』等名稱，統一到了『山藥蛋派』上，大概是因為這個名稱比較簡練、生動和具有特色吧。我認為，不管任何作品，一經發表，就成了社會所共有的產品，讀者有權品頭論足，理論家當然也有權進行批評，甚至把你劃歸這一流派或那一流派，就像植物學家把樹木、花草、農作物劃入這個科，那個目一樣。」

馬烽還反駁說：「張恆在他的文章裏說我們是跟風的，這不是事實。比如對大躍進，我們也有意見。文藝作品要宣傳共產主義，但與『共產風』怎麼區別？我們曾認

真地將這個問題提交給李雪峰同志。他當時是中共華北局書記，跑到太原召開文藝座談會。我們幾個都去了，會上提出這個問題。李雪峰同志說，政策非變不行，不對了就要改，文藝作品也不要光寫政策。我為什麼要寫《劉胡蘭傳》呢？就因為當時要寫大躍進這樣的現實題材不好寫，又不想去說假話，只好去寫歷史題材。」

馬烽在1986年1月28日答《光明日報》記者問題時，說了這樣一段話：「三年困難時期，創作上就不大好辦了。原因在哪兒呢？就是政策出了些問題。當時我們也不是沒有看法，就是覺得共產風這麼一刮，刮得人們沒法寫。你寫什麼呢？當然我們的文學創作最終目的是要為共產主義唱頌歌，但是那時刮的共產風就是不能歌頌。所以在那個時期，文學創作上是個低潮。全國如此，山西也不例外。因為不好辦。你歌頌那些共產風吧，覺得有愧於良心。要真正寫些實事求是的作品，又不可能發表。所以後來我們就走了另一條路子，就是寫通訊、特寫。」

現在有一些評論家和研究趙樹理的學者，都刻意指出趙樹理與其他「山藥蛋派」的不同，其實，在配合黨的中心工作，自覺做黨的宣傳員這一點上，他們都走在同一條〈講話〉指引的「金光大道」上。

馬烽在某次創作談中，關於一個作家能不能只要是現實中曾發生過的真實事，就可以不加選擇地寫時，說過這樣一番話：「有的題材要自覺地不去寫，因為寫出來沒有好處，

沒有用。除了使人們看到社會上一片黑暗之外，沒有其他作用。有些題材不能寫，如涉及到國家機密的問題就不能寫。也有些題材當時不能寫，現在能寫。如抗日戰爭、解放戰爭時期的黨的地下工作，當時不能寫，一寫就暴露給敵人，但現在能寫。所以不是什麼題材都可以寫的，要從黨和人民的根本利益出發。」

趙樹理在一篇〈若干問題的解答——寫戲、改戲的標準〉的創作談中也說了一番與馬烽類似的話：「有的戲，有時能演，有時就不能演，這是怎麼回事呢？這要看具體情況。假如到災區慰問演出，我們演的是因天災人禍而引起暴動的戲，這戲對災區農民有什麼好處呢？對人民對革命負的什麼責呢？又如，在歡送新兵時演出《四郎探母》，這又起什麼作用呢？問題在於是自己對農村、對革命負責了，自己就會發現，並進行批判。」

把趙樹理與馬烽的話比照著讀，不是正深刻揭示出了共和國文學中的一個普遍現象？

作家周宗奇在評價到「山藥蛋派」作家群時，說了一段頗有深意的話：

> 在一部漫長的中國文學史上，還從來沒有出現過這種現象：一個政黨（或一個政治派別、一股政治勢力）能夠清醒地、竭盡全力地、不惜代價地搜求、吸引、培育、訓練一批文學英才，以規範化的寫作信條和方法，去為實現自己的政治綱領而奮鬥不息。但中

國共產黨做到了。它以一部〈講話〉為指南，在延安及其各個抗日根據地那樣一種極為艱難困苦的環境中，居然造就出一大批才華各異而忠心不二的新型作家、藝術家，那麼步調一致，那麼自覺自願，那麼勝任愉快，那麼毫不懷疑地認定搞文藝創作就只能這樣搞。當作家藝術家就只能這樣當，最後終於建立起無愧於自己的黨、無愧於自己所處時代的煌煌業績，並一直延續到現在，始終佔據著中國大陸主流文學的地位。這真是一個空前絕後的文壇奇蹟！且成為現當代文學史上永遠無法劃掉，無法替代的篇章。

真要以流派學的觀點論事的話，倒不如叫「〈講話〉派」更為準確一些。不管將來它在中國文學史上的地位如何，有一點可以肯定：比起歷史上那些由幾個人、十幾個人、頂多幾十個人所興起的什麼「花間派」啦，「公安派」啦、「桐城派」啦等等，中國共產黨所興起的這個「〈講話〉派」，不論人數之多，獨特性之強，影響之大，都是無與倫比的「巨無霸」。

陳荒煤在評價到「趙樹理方向」的政治意義時，一針見血地指明：「趙樹理對毛澤東文藝思想的深刻認識，最集中地表現在他說的『老百姓喜歡看，政治上起作用』兩句話上。這兩句話是對毛主席文藝方針最本質的認識，也應該是我們實踐毛主席文藝方針最樸素的想法，最具體的作法。」

我們從趙樹理的一些創作談中，也能看出趙樹理創作觀

中的政治傾向。

趙樹理在〈寫戲、改戲的標準〉一文中，專門設一節寫了「對政策的理解」：

現在我們正在進行階級教育，要注意全面理解政策。農村裏受教育不多，一般都是受家庭影響較深，但也不能一概而論。個人成份和階級出身要分開來定，成分是「娘家」，但如要都劃入打擊對象，那麼團結的就不多了。我們要團結百分之九十五以上的人。我們一個領導說，土改十幾年了，階級互有滲透，完全拿土改的面貌看問題就不全面了。成份檔案要看土改的底子，發生了問題要查查根源，沒有問題就另作分析。據調查，貧農女兒到地富家，受人家影響的占多數，貧農娶到地富的女兒，也受人家的影響。我們要注意，一定要我們改造他們，不能讓他們改造了我們。社會主義社會裏，不該槍斃的都要改造，不注意階級教育不行，一定要弄清是誰改造誰，誰跟著誰走。規規矩矩接受改造的地富可以表揚，但千萬要注意，不能讓他們執政。

共產黨是無產階級的先鋒隊，成分是家庭出身，過去的大學生絕大多數是資產階級家庭出身，但他們擺脫了個人家庭，走向了無產階級隊伍，我們就應以革命同志對待。但是填表時什麼成分仍要填什麼成分，出身和現在的表現要分開看待。地富

及其子女沒受社會主義改造或改造不深的，很容易想「娘家」。寫文藝作品不要唯成分論，但劃一劃階級是有好處的。

馬烽在〈憶趙樹理同志〉一文中，有這樣一段文字：「我認識趙樹理，是在全國解放初期，那時候我們都到了北京，雖然不在一個單位，但常常見面，工作上也有一些往來。那時北京市成立了一個業餘的『大眾文藝創作研究會』，主要任務是團結一些過去寫章回小說的作者以及曲藝界的朋友們，共同學習，共同提高。『研究會』還創辦了一個叫《說說唱唱》的通俗刊物，主編是老舍，趙樹理是副主編，我是編委之一。……給我印象最深的一件事是：1950年夏天，正是大力宣傳婚姻法的時候，刊物急需發表反映這一題材的作品，但編輯部卻沒有這方面的稿子。編委會決定自己動手寫。誰寫呢？推來推去，最後這一任務就落到了老趙頭上。這是命題作文章，也叫『趕任務』。一般的說來是趕不出什麼好作品來的。老趙卻很快『趕』出了一篇評書體的短篇小說〈登記〉。這篇小說曾轟動一時，很快被改編為戲曲，改名為《羅漢錢》，搬上了戲劇舞臺。……我當時曾這樣想過：如果這任務落在我的頭上，即使給我半年時間專門去搜集材料，也不可能寫出這樣動人的作品來。」

趙樹理對於配合政治形勢，配合黨的中心工作有著高度的自覺性。趙樹理在〈談「趕任務」〉一文中，就把自己的創作是積極主動自覺自願地去配合政治的態度說得更

為明確：

　　每當一個事件或運動來了之後，會有新的任務
擺在作家們面前，就是平常所說的要「趕任務」，於
是許多作家在這個問題上鬧不通，放下原來的工作，
原來的著述，去趕任務，總覺得是妨礙了自己的工
作……

　　「趕臨時任務」這個名詞本身已經不妥當。抗日
戰爭在當時是一個長期任務，但每時期仍有每時期不
同的任務。例如，救災、支前、增產等等，把這些任
務看成是臨時而去「趕」是不太妥當的，因這與大任
務並不脫離，並不那麼「臨時」。如果本身生活與政
治不脫離，就不會說臨時任務妨礙了創作。因為人民
長遠的利益以及當前最重要的工作才是第一位的，只
是帶著應差拉夫[7]的心情去「趕」，而是把它當作長
期性的任務去完成。情緒與工作統一起來，不是隨隨
便便的應付。

　　認為臨時任務一來，妨礙創作，原來大作就永遠
不能完成了，這種錯誤觀點的產生，基本上就是因為
生活與政治不能密切配合，政治水平還不夠高。所以
當上級已將任務總結指出之後，應該是感激才對，因
為自己不能認識到是中心任務，而別人已替自己指出
來，如果認識不足，仍然認為是趕臨時任務，那麼這

---

[7]　應差拉夫：應付差事，被人強行拉著幹（趙樹理用詞）。

是應該放下手頭的創作去趕，趕總比不趕好，只要沒有大錯誤，趕得多總比趕得少好，寫得好總比寫得壞更好。……臨時任務根本不能趕好，也不見得，看作臨時任務也可以寫好的，只看怎樣寫。寫出來不好還不是最大失敗，寫總比不寫好。

自己過去有些創作在寫的時候就與當時任務統一，有的是寫過之後與任務碰上了頭，有的則是「趕任務」趕出來的。例如《李家莊的變遷》是經上級號召揭發閻錫山統治下的黑暗之後才寫出來，材料早已有，但當時沒有認識到揭發的必要，直至任務提出後才寫。

寫作品好比種莊稼，江南為橘，江北為枳，植物與其生長的土壤有很大的關係。在黃土高原上，很難指望生長出椰子芭蕉，而只能是「滿山遍野」的土豆高粱。

關於趙樹理對山藥蛋派的「化蛹為蝶」，我在《插錯「搭子」的一張牌──重新解讀趙樹理》一書中有詳述，此處不再贅言。

達爾文對人類的貢獻，就是確立了人類在自然界的位置。胡正對自己的生存環境和所處位置，有著清醒的認識。當我讚揚他對山藥蛋派有所超越時，胡正說了這樣一番話：「其實，我和他們其他幾個作家也差不多。我們幾個，我也不是說出於我們的什麼感情，還有個歷史問題。什麼歷史問題呢？就是他們在文革以後，他們生活的比較短暫（趙樹理

乾脆就連文革也沒熬過），從年齡上，我活得長一點，活得長一點呢，對過去的事情就考慮得多一點，如果在文革前，我們考慮得思想方面都差不多，文革以後我考慮得多一點，時間長一點，寫了幾部作品，他們在文革以後，由於身體的關係也好，什麼原因也好，沒有寫更多作品，所以你說山藥蛋派就我一個人超越，就有點，也太有點（一直在斟詞酌句），我也沒有什麼超越，就是說我有點發展，對山藥蛋派在創作風格上有所轉變，其實和大家還是一致的，我深刻了一點，有點反思精神。」

時間是一切進步的催化劑。經過幾十萬年時間長河的大浪淘沙，才有了猿到人的進化。才有了不在地下爬行而靠頭腦思索的物種。

誰笑到最後，誰笑得最好。

1987年胡正與「山藥蛋派」五老參觀趙樹理小說插圖展

讓思想衝破牢籠
讓思想衝破牢籠
——胡正晚年的超越與侷限

六、胡正反唇相譏：

「說得直接了當點，統治者的政治。」

我對胡正的訪談前後共進行了五次，在訪談期間，正值中央電視臺一套在《焦點訪談》後的黃金時段，播出了由山西省作家協會影視中心攝製的二十集電視連續劇《趙樹理》（實際播出時刪改為十七集）。趙樹理自然成為我訪談中的一個話題。

　　與媒體組織的炒作和熱捧截然不同，在南華門山西作協大院，「山藥蛋派」的大本營裏，卻是一片譁然責難之聲。

　　趙樹理的晉東南老鄉，同為「山藥蛋派」作家的韓文洲見了我直搖腦袋瓜子：「這是咱們的老趙？趙樹理就是這模樣？我是全看了李雪健（主演趙樹理的演員）了。人包戲，戲包人，糟蹋了一個好演員了。大家盼望了這麼些年，都希望早點把老趙搬上影屏，好不容易爭取到了經費，拍成了電視劇，給全國人民展示的就是這麼個形象？」說著又是連連搖頭：「糟蹋了錢，糟蹋了錢。」

　　李國濤是趙樹理的研究專家，曾寫出《趙樹理藝術成熟的標誌》、《形象的「鑒定」》等專著，可說具有一定的權威性。他在與我談到這部電視劇時，發表了這樣的看法：「讓你用一句話概括趙樹理，你說他的特徵是什麼？就是他深入人心的批判和抗爭的作家形象。我就給你舉趙樹理一個細節，文化大革命中紅衛兵造反派批鬥他，批判者喊口號：『肅清趙樹理的流毒』。趙樹理說：『那可要費點功夫，要到晉東南一家一戶去肅。』你聽聽這話，這是在批鬥他時說的話。趙樹理是性格特徵非常鮮明的一個作家，可到電視劇裏，所有的稜角都磨平了。你讓全國人民看什麼？」

作為這部電視劇文學策劃的焦祖堯，很恥於他所擔當的名頭。焦祖堯說：「我給他們分析過趙樹理這個人。他們要採納我的意見，也不至於拍成這個模樣。趙樹理身上最根本的東西是什麼？這是一個真人。他的父親從小就擔心他，你不會做人。一輩子擔心他不會做人。他趕毛驢進城，毛驢拉屎已經拉到地上了，他說什麼也要拿起來，放回自家地裏。他相親，那時候家道已經中落，他到了女方家，毫不遮掩，實話實說。他真到什麼程度？58年他當縣委副書記，那時候大躍進開始，浮誇、平調已經比較嚴重了。他看到了，跑去找地委書記，他說不行了不行了，莊稼都爛在地裏，趕快要解決，不解決要死人的。當時全國普遍都是這麼種狀況，地委書記有什麼辦法？……在批判他的會上，大概有半個月通不過。他當時有句話：『按照我的觀點來檢查，你們通不過。按照你們的要求來檢查，我自己又通不過。』他是這麼個人。所以，趙樹理的父親為他擔心了一輩子，擔心他不會做人，結果，趙樹理做成了一個大寫的人。」

　　大家對電視劇《趙樹理》的確很失望。趙樹理身上的所有閃光點都沒有了，對現實的批判鋒芒全被抹殺了，只剩下一些似是而非隔靴搔癢式的情節，不知所云莫名其妙的畫面，如最後結局時的「放風箏」。最後給我留下印象的只是趙樹理的兒子趙二湖在拍攝「花絮」裏講的一句話。在電視劇《趙樹理》中，李雪健扮演的是趙樹理，當然就是趙二湖的爹了；而趙二湖在電視劇裏扮演的是趙樹理的父親「二諸葛」，自然又成了李雪健的爹。所以趙二湖子如其父，說了

一句趙氏幽默的玩笑話：「他是我爹，我是他爹，兩人誰也沒沾著誰便宜，算是扯平了。」

我還看到學者趙勇這樣一段文字：「一下子收到四本《粵海風》，原因是我那篇談《趙樹理》電視劇的小文章發在了這一期的刊物上。那篇小文寫成，就想投出去試試。先給山西一家報紙，編輯來信說寫得不歪，可惜沒法用，因上面有令，對這個電視劇只能唱讚歌不能潑涼水。又給一家敢說話的文學批評雜誌，雜誌主編親自打來電話，他認為這是關於電視劇的文章，與文學無關，故不予發表，我一笑了之。忽然想起還有個《粵海風》，就把稿子發送到了南方。《粵海風》沒有搭理我，卻是來了個先斬後奏。也許是他們覺得原來那個題目太扎眼吧，就幫我改成了〈又見假模假式的電視劇〉。」

我問胡正：「你看了《趙樹理》是個什麼感覺？」

胡正：（似乎斟酌了片刻，哈哈一笑）我看不太理想。

我說：「作為文學晚輩，我真誠地想與您前輩之間，探討一下我們現行的文學體制對繁榮文學創作的得失。所以希望您能暢所欲言，您如果覺得行諸文字有所不便，我寫出來後，還要徵求您的意見，那時您再刪除也不遲。西李馬胡孫，您是唯一健在的『山藥蛋派』主要作家，聽聽你對電視劇《趙樹理》的看法，我想很有意義。」

胡正的談話是坦誠的。

胡正說：「他主要的是，劇本開始沒有好好醞釀，一開始的劇本是潘保安寫的，寫得是本流水帳，把趙樹理的一

生，這麼一件一件事擺下來，潘保安對趙樹理非常熟悉，他把這些事排下來，作為素材挺好。但作為電視劇不行，從思想上講，你要把趙樹理的精神，你提倡大家學習的精神寫出來。劇本寫出來以後，又經過幾個人的修改，大家沒有很好的討論，我看他們醞釀的也不夠成熟。開始討論的時候，他們找我談過一次，導演韋廉，主要演員李雪健，一起座談。我記得當時，我、焦祖堯，還有一些人座談了一下。走了這麼一個形式，沒有認真聽取大家的意見。我當時提了個什麼意見？就是不能把趙樹理寫成一個農村幹部，應該從作家這個角度來寫，作家有作家的思想麼，他對社會問題是怎麼個看法。他和當時的農村幹部的看法不一樣。這是對人物的塑造上。把他寫得和一個農村幹部一樣，人物就沒有把握準……」

　　胡正的意見是中肯的，也是尖銳的。是把趙樹理寫成一個「幹部」還是一個「作家」，其實質是觸及一個作家寫作立場的問題。

　　胡正又說：「從結構上說，前面太囉嗦。寫什麼趙樹理小時候，寫趙樹理怎樣結婚，沒必要。我的意思從哪開始呢？從陽城參加犧盟會，然後下去調查研究，就是劇中寫得有人告狀，就是小二黑結婚。我說就從這一事件開始，作家是怎麼個看法，作品中怎麼反映，他怎麼敢於反映小二黑結婚中當時那個惡霸，那是當時根據地的農村基層幹部。趙樹理在寫農村問題時，他的民主意識很強，對村裏當時的黑暗現象他不回避，寫了先進的東西，同時也暴露

了根據地黑暗的東西，落後的東西。大膽地歌頌了爭取個性解放婚姻自由的小二黑和小芹。更為尖銳的是趙樹理寫了幹部作風。那時候在根據地，一般作家要寫到根據地的幹部，都是寫幹部好的一面。其實呢，我們根據地的幹部有一種應該批判的作風，就是《李有才板話》中說的官僚主義，不深入群眾，要敢於寫這種東西，我覺得這是趙樹理的精神。敢反映現實，不回避矛盾。後面也沒把趙樹理的精神貫穿下來，把趙樹理的挨批判寫得太簡單了。你應該寫出趙樹理為什麼挨批判呢？就是他和當時的潮流不一致，他有他的想法，他對大躍進，對浮誇不感興趣，他不但反對，他在當時的情況下，他提出來是有風險的。1959年冬天，趙樹理受到嚴厲的批判，在這種情況下，對現實批判的文章不能發了，一個作家的良心怎麼辦呢？趙樹理就寫與這類浮誇不同的，正面寫《套不住的手》、《實幹家潘永安》，用一種實幹家的形象來抵制當時已經成為潮流的浮誇風。」

胡正講了一九五九年冬天的趙樹理，講了在那個令人難忘的冬天，趙樹理面對來勢凶猛的大批判浪潮，仍堅守著一個作家的良知。胡正說，那時候趙樹理所說的兩句話，至今言猶在耳。一句是：「大家批判我下了比我認識更大的功夫。」另一句是：「我是農民中的聖人，知識份子中的傻瓜。」這兩句話說得意味深長。

胡正還講到趙樹理文化大革命中的一個細節：「批判的人問趙樹理，你有沒有後悔？有，他馬上回答，回答的很快。你是不是後悔沒聽毛主席的話？不是，我一直按毛主席

〈在延安文藝座談會上的講話〉精神深入生活，為工農兵寫作。那你後悔什麼？趙樹理答：我後悔我老婆到現在還是個小腳。（說到此處，胡正發出「哈哈哈哈」一陣快意的大笑。）批鬥他的人也都笑了，批鬥會就進行不下去，趙樹理用他一慣的幽默，帶點嘲弄的口氣。進城後許多人把老婆都換了，我到現在還沒換，想起來就後悔的不得了。要從人格上來講，趙樹理是真正有人格的魅力。他從不說違心的話。那時候一句話說不好，招來的就是一頓暴打呀。」

馬烽也說過一個趙樹理挨批鬥時的細節：「很快，我們都被打倒了。趙樹理也在劫難逃，從晉城給揪了回來，和我們一起成了批鬥對象。在我的記憶中，挨鬥最厲害的一次，是在柳巷的山西大劇院。那是由整個山西文藝界造反派組織的批鬥會。省文聯被鬥的是我和趙樹理兩個人，省文化局是賈克和張煥等人。我們四、五個人一溜排跪在舞臺上，每個人由兩個造反派押著。他們一人一隻腳踏在你的背上，一人一隻手揪住你的頭髮，另外的一隻手則扭著你的胳膊，將你整個一個人弄成個『之』字形，非常難受，一會兒功夫你就汗流不止，渾身疼痛。我緊挨著趙樹理，聽見他喘得很厲害。我也快出不來氣了。那天批鬥回來後，趙樹理氣還沒有喘勻乎，就對我說：馬烽同志，你知道咱們今天是受了誰的害？就是那個照像的！他導演的，不知是讓我們笑好，還是齜牙咧嘴好。什麼時侯了，老趙還有心思開玩笑。」

西戎講過一個趙樹理背「老三篇」的細節：「有一次批鬥會上，革命群眾問趙樹理：『你會不會背老三篇？』趙

樹理低著頭回答：『會背《愚公移山》。』隨後，趙樹理就應命背了起來。聲音雖然低沉，但一句緊挨一句，背得也還熟練。突然有個人回過味來，說，趙樹理，你背慢一點，聲音大一點。趙樹理怔了一下，放慢節奏，提高嗓門，從頭再開始背：『太行王屋二山，方七百里，高萬仞……』『你這背的是什麼？』『《愚公移山》。』『這是毛主席的老三篇？』『這是比老三篇更老的《愚公移山》。革命群眾感到受了愚弄，當胸就是一拳，趙樹理毫無防備，一跤跌到地上不輕。』『你耍什麼死狗？』打人者對趙樹理咆哮。趙樹理站起來，不冷不熱地說：『剛才你是突然襲擊，我沒防備，現在你再打，背定打不倒了。』趙樹理就是這樣話裏帶刺地對付對他的批判。」

胡正說：「你聽趙樹理說話，你笑他不笑。一個作家有沒有幽默感，不僅是智慧的表現，更需要有政治的勇氣。當一個人戰戰兢兢的時候，他可能說出輕鬆幽默的話嗎？」

趙樹理的這些幽默風趣，在電視劇裏都沒有了。趙樹理成了一個正襟危坐正言厲色講大道理的國家幹部。我想起昆德拉筆下的一個政治笑話：一堆人坐在一起指點江山談經論道，不知道其中有沒有克格勃特務，有一個檢驗的好辦法，那就是說一個政治笑話，那個不笑的，準是克格勃特務，這類人已經喪失了笑感神經。

胡正還說：「趙樹理最顯著的特點是他不屈不撓的批判精神，鬥爭精神。趙樹理的批判精神是從《小二黑結婚》一直延續下來的。批判趙樹理是寫『中間人物』的祖師爺，

這不是趙樹理精神的實質。趙樹理精神的實質是他對現實社會的批判精神。這也是做為一個作家的精神實質。趙樹理的作品為什麼受到歡迎？因為他反映了人民的情緒和思想，他是站在人民的立場上。這和官樣文章是不同的。趙樹理對幹部作風有看法，在《小二黑結婚》、《李有才板話》裏都有表現。這一點，他是一生貫穿始終的。他從現實出發，堅持現實主義的表現手法。他敢於對當時的現實提出自己的看法來。這個反映了趙樹理的精神，他當初為什麼受批判呢？他忠於現實生活，他敢於用手中的筆，寫出當時的黑暗，寫出自己的看法。趙樹理的作品為什麼會受到人民大眾的喜愛、贊同，是他反映了當時廣大群眾的思想，呼喊出了群眾的呼聲，站在民間的立場上，這與官樣文章是不同的。這是作家趙樹理的精神。在對趙樹理形象的把握上也有問題。寫成一個老農民，背著個褡褳，沒有的事情，我們當時就是農村的作者，也沒有這樣。不是寫的土得掉渣，就寫出了趙樹理的平民化大眾化？趙樹理的所有土，我理解就是與農民血肉相連的那種關係。不是搞成一個山村老漢土的形象。他本身也不能那麼土啊，他本身是個教員，是師範學生，在當時是知識份子。參加工作以後，穿的是幹部服。所以編劇和導演都把握得不準。儘管前期宣傳聲勢還造得挺大，但中央台播出後，觀眾反響卻不大，花錢打了個水泡，無聲無息。現在的觀眾，眼睛雪亮得很，不是你輿論導向可以左右的。」

由此可見，胡正對趙樹理精神還是吃得很透。胡正真正是繼承了趙樹理的批判精神。尤其是對幹部作風的批判。如

那篇至今尚未引起足夠注意，然而是寓意深刻的小說《這是一隻灰貓》。

胡正在與我侃侃而談電視劇《趙樹理》時，說著說著，猛地戛然而止，似乎愧疚地一笑說：「看人挑擔，自己肩頭沒壓力。我是演過戲的，指手劃腳評價別人容易，要讓自己登臺演出，說人道人恐怕還不如人。」

胡正以他一向的寬厚仁愛，說出了事物的另一面。

我敢斷定胡正深居簡出，並不知道《趙樹理》一劇播出前，面臨審片時的種種內幕，但他卻似有先知先覺洞若觀火。

山西省作家協會影視中心主任，電視連續劇《趙樹理》的製片趙建平向我感歎了一番審片過程中的「苦經」。

趙建平說：「最早的劇本中，有許多感人的細節。但在導演看本子的時候，已經自我刪掉了不少。導演說，我們不要自找麻煩。本子上刪掉還損失不大，拍成電視劇了再讓人動手術，那損失得可就都是大把大把的錢了。」

趙建平風趣地說了一句：「這是一次自我閹割，我們都成皇宮裏的太監了。」

趙建平又說：「過五關斬六將，光是劇本就反覆了好幾個來回。編劇由原來的潘保安一人，不斷加強力量，最後編劇成了四個人。後來又聽說上面列了七個題材的禁區，文化大革命也不能寫了，就又把趙樹理文革中的遭遇，那最精彩的部分又刪去了不少。趙樹理是死於文化大革命的慘酷批鬥

下，這個結尾肯定不能用了，那電視劇不能不結束吧？還是導演急中生智，想出那個『放風箏』的主意。有點魔幻現實主義，任由觀眾去想吧。」

趙建平還說：「就這樣歷盡坎坷，好容易拍成二十集，送到中央台重大題材審查辦，聽候判決。經過一番審查，二十集又給刪成十七集，把保留下來還有點閃光的，這一次是徹底刪了個乾淨。弄得我真是欲哭無淚，我一賭氣不幹了。可你賭氣疴在褲襠裏，最後還不是把一堆磁帶爛在自己手裏。那麼大的投資收不回來怎麼辦？最後還是得我們向人家說軟話，就剩下這點打動人心的地方了，能不能留下一些？重大題材審查辦的負責人對我說，我還不知道哪個地方最能打動人心，我們最擔心的正是這個。現在這麼一種狀況，你把全國人民的情緒煽動起來，那還了得！政治家考慮問題，和你們文學家就是不一樣。」

文學家是不可能等同於政治家。文學家是「咬定青山不放鬆」的執著探尋者，政治家是「見風使舵」的利害權衡者。

權勢者和無權者之間有一個長期爭奪的地帶，就是話語權。對於無權者來說，他們所要的只是表達的權利；而權勢者不同，他們製造沉默，所要的惟是封閉和壟斷所有聲音的權力。防口如防川，口耳相傳，一傳十，十傳百，一旦決口，不可收拾。

我在下一次訪談中把趙建平所講的以上情節講給胡正聽，胡正馬上反脣相譏說：「什麼政治家？他們的這個政治

家的考慮呀，不是人民大眾的政治，還是從維護他們自己的利益這麼個政治，說得直接了當點，統治者的政治。」說著，胡正「哈哈哈哈」開懷大笑。

胡正還說：「現在的中宣部，左的厲害。他們新聞界的人說，這也不讓寫，那也不讓寫，什麼也寫不成。」

當胡正說出如此尖銳的見解時，我試探性地問了一句：「以上我們的談話內容，我都要寫進寫你的文章中。」當時胡正慷慨激昂地說：「你儘管放手寫。到我這個年齡，我還有什麼好顧忌的。」

胡正又補充一句：「不敢正視歷史，實際上是一種虛弱的表現。」

我說：「我們當年說蘇聯的文學家們，對修正主義是『小打大幫忙，小罵大幫忙。』按照這一邏輯，那為什麼不讓我們的文人們也來個小打小罵而大幫忙呢？難道我們連當年蘇聯當政者的那點勇氣也沒有？」

當最後胡正的思維止步於恐懼之後，胡正當時所說「誰的政治」一詞，就凸顯出了語詞背後豐富的潛臺詞和複雜的社會哲學內容。

胡正在我臨走時，給我拿出一份2006年6月6日的《文藝報》。在「關注現實題材」欄目中，刊登著幾乎整版關於北京人藝拍攝陳忠實《白鹿原》的報導。

我大致流覽一遍，並無胡正的署名。我念頭一轉，指著一篇署名傅謹的文章〈有關《白鹿原》的感想與迷惑〉問胡

正：「這是你的化名文章？」

胡正搖搖頭。

我迷惘了：這似乎與我們所談話題無關。

胡正說了下面一番話：「我個人認為，陳忠實的《白鹿原》是農村題材裏反映現實最深刻的一部小說。可是在評茅盾文學獎的時候，評委們要評，上面不讓評，後來就擱下了。因為這番爭執，茅盾文學獎還停了一、二年。後來，又是阻止把《白鹿原》拍成電影，陝西都成立了個班子，因為要報批，上面不表態，又沒有弄成。電視劇也沒弄成。我對這件事一直很關注。最近我看北京人藝排成話劇，把它搬上舞臺了，我很高興，就保留了這張報紙。是不是說明上面政策又有些鬆動了。」

胡正的記憶穿透十年長河，沉澱在記憶中的東西都是值得珍藏的。《山西作家通訊》1993年第二期上，曾登過一篇陳忠實關於《白鹿原》的答問。第三段是這樣一個小標題：「所有悲劇的發生都不是偶然的，但是歷史的細節卻常常被人忽視。」

其中有這麼一段話：「……這種自我否定的前提是我已經開始重新思索這塊土地的昨天和今天。這種思索越深入，我便對以往的創作否定的愈徹底。而這種思索的結果，便是一種強烈的實現新的創造理想和創造目標的形成。當然，這個由思索引起的自我否定和新的創造理想的產生過程，其根本動因是那種獨特的生命體驗的深化。我發覺那種思索剛一發生，首先照亮的便是心靈庫存中已經塵封的記憶，隨之就

產生一種迫不及待地詳細瞭解那些兒時聽到的大事件的要求。當我第一次系統審視過一個世紀以來這塊土地上發生的一系列重大事件時，又促進了起初的那種思索進一步深化而且漸入理性境界。甚至連『反右』、『文革』都不覺得是某一個人的偶然的判斷失誤或是失誤的舉措了。所有悲劇的發生都不是偶然的，都是這個民族從衰敗走向復興復壯過程中的必然。這是一個生活演變的過程，也是歷史演變的過程。『史』的含義和這個字眼本身在文學領域令人畏怯，我們還是不談它會自在一些。我不過是竭盡截止到1987年的全部藝術體驗和藝術能力，來展示我上述的關於這個民族生存、歷史和人的這種生命體驗的。」

　　莫道風馬牛不相及，萬水千山總關情。胡正提供的上述資料，為我揭示了胡正反思心理的重要依據。

七、〈幾度元宵〉：

「大團圓」怪圈中尋找新起點

胡正說：「我對歷史和現實的思考，是從文化大革命開始。這是一次真正觸及人們靈魂的革命。那些年，打倒的打倒，靠邊站的靠邊站，也沒什麼事可幹，我就靜下心來想一些問題。當代反思的好多問題就是從那時候開始。一個作家，沒什麼事幹，思想不能停止，我看到文化大革命的許多情況，那不能寫，我也不想寫。我寫東西，不是光聽到一個故事就寫，真正都是在情感上觸動了我。為什麼這場暴風雨來得這樣猛烈呢？它是從三面紅旗、七千人大會、四清運動就已經開始醞釀。極左路線就是這樣一步一步走過來，達到登峰造極的。說是什麼兩個階級兩條路線的鬥爭，是防修反修的大事，說穿了，就是毛主席要打倒睡在身邊的『赫魯雪夫』。是劉少奇危及到了毛的統治地位。」

我說：「這裏涉及到了一種體制的本質問題。劉少奇的兒子劉源寫過一篇回憶錄：《毛澤東為什麼要打倒劉少奇》。文中回憶了這樣一幕：1962年7月裏的一天，在中南海游泳池，毛澤東與劉少奇有一段頗有意味的對話。毛在池子裏，劉站在池子邊。毛就在池子裏向劉發出質問：『你急什麼？壓不住陣腳了？為什麼不頂住？』劉少奇可能覺得這麼嚴肅的一個話題，不宜於在這麼一個場合爭論，就在更衣棚裏坐下，等毛上岸。這次談話，因為涉及到對三面紅旗的看法，究竟是『七分天災，三分人禍』，還是倒三七開，雙方顯然都動了感情：毛長期淤積在內心的不滿，傾瀉而出。一向涵養極好的劉也終於克制不住，

說出了那句惹出滔天大禍的話：『餓死這麼多人，歷史要寫上你我的，人相食，要上書的！』此言一出，毛突然變得異常平靜了，再不說什麼，同意了劉少奇『調整、鞏固、充實、提高』的八字方針。據劉源說，劉少奇以為在游泳池的這番談話，已經化解了毛澤東的不滿，取得了毛對實行調整舉措的諒解，因而如釋重負。劉的想法未免太天真了。其實恰恰相反，這次談話非但沒有化解毛的心結，反而大大激化了矛盾。毛本來就是個特別記仇的人，特別是『餓死這麼多人，歷史要寫上你我的，人相食，要上書的！』這句話，更是重重地擊中了毛的心病，由此認定劉少奇居心叵測，就是要像赫魯雪夫那樣在他身後作秘密報告，從政治上清算他。這就觸動到體制那根敏感的神經：毛的地位是由於他代表著真理，代表著正確路線；毛正是這樣確立了在黨內的絕對領導地位的。如果實踐證明你錯了，那就讓正確的上臺。所以毛必須堅持自己的一貫正確。大海航行靠舵手，幹革命靠得是毛澤東思想。一張嘴，兩層皮，左說左有理，右說右有理。林彪是最明白這一點的，所以，林彪的口徑是：我們當前所面臨的一切困難局面，正是因為我們沒有很好執行毛主席的指示。」

　　我還說：「從中國共產黨的歷史看，劉少奇正是吹捧毛澤東的始作俑者。是劉少奇在共產黨的七大上提出毛澤東思想的概念，確立了毛澤東的地位，毛澤東投桃報李，把劉少奇的地位越過周朱等，躍升至第二位，從而開始了倆人的蜜月。當兩人走到六二年七千人會議決裂時，讓人不由得聯想

到法國大革命時期的羅伯斯庇爾與丹東。這一分道揚鑣，展示了政治的複雜性和哲學的深刻性。」

胡正說：「文化革命開始的時候，我還在下面四清，把我叫上來，開始不理解，鬥走資派，鬥反動學術權威，不理解。後來感覺就是對領導幹部的看法不一樣，美協那邊是一部分人擁護力群，一部分人擁護蘇光；我們這裏是，有的傾向於李束為，有的傾向於馬烽，這就分成兩派了。群眾對哪個幹部有意見，就批鬥打倒。對這不理解。後來就發現這個根源在上層。上邊毛要搞劉少奇。四清當中，我聽了好多傳達，意識到毛劉之間有問題。當時四清的時候，劉少奇提出來要清查四不清幹部，開會提出來，說完以後就散會了。毛問，我還沒說話呢，怎麼就散會了？回來，著急了！還沒到家呢，趕快派飛機拉回來。沒有徵求毛的意見。重新開會，什麼四清四不清，主要目標是走資派。這不把矛盾暴露到大家面前了？大躍進的時候，兩人意見還一致，到困難年，就不一致了。劉少奇不贊同毛的做法。後來開了個七千人會議，這種規模是從來沒有過的，從中央的大區，到省市地縣，三級幹部都去了，要不然參加人數有七千多人，人們稱之為『七千人大會』。會上劉少奇做了個報告，對三面紅旗就不是那麼贊成了。這次會上毛玩了個花樣，不要像以往那樣，先做報告然後大會發言，這就等於先定了調調。先讓大家暢所欲言，最後再做總結。人們就感覺到了，以前的分歧還不明顯。關於新民主主義的新階段的提法。現在毛就是要維護

三面紅旗，劉呢就反對，當然不是公開反對，只是強調農村現在的困難……」

胡正敏感到七千人大會上散發出來的異常。解密的歷史資料〈七千人會大揭秘───一個接一個出人意料的決定〉一文中，披露了這次會議的諸多反常。毛澤東當年有句話：「不唱天來不唱地，只唱一本《香山記》，……天和地都不唱，單唱《香山記》就是抓階級鬥爭。」自此，九百六十萬平方公里的神洲大地，開始了階級鬥爭年年講、月月講、天天講的非常歲月。

現在已經有「文革」的研究者提出，「七千人會議」是作為一個歷史的轉捩點：「荊門中斷楚天開，碧水東流至此回。」

一九八二年，胡正寫出在其創作道路上具有轉捩點意義的中篇小說〈幾度元宵〉。

胡正講了他〈幾度元宵〉最初的創作成因：「文化大革命後，我又到張慶村住了幾天，在和熟悉的村幹部以及農民的敘談中，感到他們經過二十年的風雨，特別是經過『四清』接連著『文化大革命』之後，思想情緒有了不小的變化。有幾位村幹部和農民的遭遇使我感觸很深。我很同情他們的遭遇，我也經過了『四清』和『文化大革命』，和他們有某些同感。雖然這時村裏正在貫徹以家庭為單位的生產責任制，進行又一次生產方式的大變革，村幹部和農民們各有喜憂，議論紛紛。而我已不像五十年代初期來

張慶村時，專注於農民們在合作化運動中的各種形態了。經過『文化大革命』後，我對於生活的思考，在文學創作上有了一些省悟和新的探索，著眼於在時代風雨中人們的命運了。我正在醞釀從什麼角度，以什麼主線，用什麼形式表現我所感受的這些生活時，忽然看到《山西日報》上登載了一篇忻縣大王村知識青年岳安林、李翠先在逆境中堅貞的愛情和科學養豬的生動報導。它給我以啟發，給我以靈感。我便以一對青年戀人的愛情波折為主線進行藝術構思，通過兩個家庭在『四清』和『文化大革命』中的遭遇，反映兩代人的歷史命運。離開張慶村後，又到忻縣大王村住了一個多月，回來後寫出了中篇小說〈幾度元宵〉。」

一九八二年第一期的《當代》雜誌，發表了胡正的中篇小說〈幾度元宵〉。

〈幾度元宵〉：寫了沈翠葉和薛安明之間曲折的愛情故事。村長楊申全看上了沈翠葉，而沈翠葉卻有意於返鄉知青薛安明。「同齡人之間的競爭和妒忌，有時竟能變化為仇恨。」這原本是一個古老的愛情悲劇的舊套子。愛情是文學作品中一個「永恆的主題」。從《孔雀東南飛》、《西廂記》到《紅樓夢》，再到現代版的《愛是不能忘記的》，古老的愛情故事不斷煥發出嶄新的現實社會的生活內容。胡正可稱之為「山藥蛋派」中寫愛情的高手，正是由於胡正為他的愛情故事注入了一個大歷史的背景，所以作品中蘊含了豐富的時代內容。

作品中讓我們看到，把薛安民投入監獄的縣法院院長王啟雲，當他自己在文化革命中也被投入監獄時，在獄中的一段內心獨白：

　　……他想起他判了薛安明一年徒刑，從逮捕之日算起，再過幾天，到農曆下月十五，薛安明就期滿出獄了……他又反省自問：過去在辦案中，難道自己不也是這樣嗎？為了配合運動，執行領導意圖，需要捕他時，自己就會提出幾條罪狀；需要釋放時，也會提出幾條開脫的理由。而且還振振有詞地說什麼：昨

1992年4月，胡正在生活基地——山西省榆次市張慶村

天抓你是革命的需要，是正確的；今天放你同樣是革命的需要，當然也是對的。一切都是運動的需要，鬥爭的需要，一切都是為了革命。而就在漂亮的革命的詞句下，卻隨心所欲地辦理著使人民群眾寒心的案件。進而，他又想到小將們審問他時，他不承認是反革命，不交代罪行，就說他態度惡劣，頑固對抗；而承認錯誤，低頭認罪呢，便說他供認不諱，罪有應得。這和自己審問別人時又是多麼相似！

下面是王啟雲在為薛安民平反問題上的一段內心獨白：

　　……給他複查、落實、平反吧，李希鴻聽說後，會對自己產生什麼看法？如果這是縣法院定的案子，自然好辦，可這是上級定的案子呀！在一個過去曾經幫助過他的普通人，和一個關係到他的前程的上級之間，在薛安明和李希鴻之間，他要衡量一些輕重、得失了。他想到「四清」結束後，李希鴻被提拔為地委副書記，現在又官復原職。自己在「四清」結束後被提拔為縣委副書記，不也是因為能夠按照李希鴻的意圖辦案，由李希鴻提名後，地委常委會才報請省委任命的嗎？現在當幹部沒有後臺能上去嗎？有人說，現時是「後臺幹部後門兵」，這話雖然反動，可實際有用。正如對於林彪的「有權就有一切」，有些人不也是嘴上批判，行動照辦嗎？況且，政治案件和

刑事案件不同，刑事案件如殺人要償命，這是在任何社會，任何情況下都不會變的。政治案件則由於政治氣候的變換，客觀形勢的不同，以及人事的更易，不會有永久絕對的標準。今天我給他平反了，明天再遇個運動，又說我右傾翻案怎麼辦？

我們從薛安明的愛情悲劇中，讀到的是更多的時代現實內容。

饒有意味的巧合或者說別具匠心的安排是：胡正的〈幾度元宵〉分上下兩篇，都是結束於一年一度的元宵節。上篇結束於一九七五年的元宵節，薛安明和沈翠葉的愛情迎來了一個短暫的「柳暗花明」，兩人領了結婚證，唱著〈掛紅燈〉，似乎歷盡磨難，終究花好月圓有了一個完滿的結局；然而很快就是新一輪的「山窮水盡」，一九七五年的春天僅是閃電般一亮，很快就是一場乍暖還寒的「倒春寒」，一九七六年初春的「反擊右傾翻案風，又把這一對戀人投入新的災難。下篇結束於一九七九年的元宵節，十一屆三中全會剛剛開過，撥亂反正帶來了新的春風。於是，周而復始，人們又升起了新的憧憬新的希望。

新的「青天大老爺」地委書記苗中瑞為薛安明徹底平反，他舉起酒杯祝賀薛安明、沈翠葉說：「現在苦難已經過去，新的希望已經升起，來，喝酒吧。」

悲劇的氣氛在「大團圓」「有情人終成眷屬」的祝酒聲中，變幻為喜慶色彩。

胡正在〈幾度元宵〉中，還穿插了一段沈翠葉的母親曹清娥一九三九年元宵節的回憶：那盞掛在閨房中的蓮花燈，「也曾閃爍過希望的光輝，但轉瞬間就被狂風吹滅了」。一九三九年的元宵節，見證了又一代人的愛情悲劇。

一年一度元宵夜，總拿新桃換舊符。歷史在螺旋式地演進。歷史總有著驚人地相似之處。胡正把他的第一部反思作品命名為〈幾度元宵〉，顯然有著用心良苦的深刻寓意。

這是「大團圓」怪圈中尋求到的一個悲歡離合新起點。

八、胡正悲劇意識的覺醒

「山藥蛋派」的作家們有一個顯著特點，就是極善於把生活中的悲劇情節做出喜劇化的處理。

謝泳在〈胡正小說創作的當代意義〉一文中，說了這樣一段話：「我們的讀者很少看到過『山藥蛋派』作家筆下出現悲劇。過於貼近生活，對時代充滿了浪漫的幻想，使我們的作家在真誠地歌頌一個時代的某一側面。而現在胡正變了，他筆下的人物命運並不一帆風順，在一個非常值得歌頌的時代裏，同樣能夠悲歡一個女子命運的不幸。而她的不幸又不是緣於自己性格的弱點，而完全是由於外在環境造成的。」

趙樹理被認為是「山藥蛋派」的一面旗幟。趙樹理的《小二黑結婚》無疑是「山藥蛋派」的代表之作。山西北岳文藝出版社1993年版的《山西文學史》，記載了趙樹理創作《小二黑結婚》時的一個史實：

《小二黑結婚》的題材主要來源於趙樹理下鄉時瞭解到的一個案件。1943年趙樹理曾兩次到遼縣下鄉調查，聽到這樣一個案情：一個村裏的民兵小隊長叫岳冬至，與本村的一個漂亮姑娘智英祥談戀愛。女方的母親不同意，把女兒許配給一個富商，收了許多聘禮。智英祥堅決反對並說：「誰拿了人家的東西，誰跟人家去。」男方的父親也不同意兒子的婚事，但岳冬至根本不承認他父親給他收養的童養媳。與此同時，村裏的壞人也從中破壞，已婚的村長是個富農，

讓思想衝破牢籠
　　——胡正晚年的超越與侷限

經常調戲智英祥，因屢遭拒絕而遷怒於岳冬至，並把
岳冬至活活打死。

這是趙樹理親眼目睹的當年農村現實。需要說明的一點
是，發生的地點遼縣，是共產黨八路軍最早的老根據地。後
為了紀念犧牲在這塊土地上的八路軍副總參謀長左權將軍，
將遼縣更名為左權縣。

趙樹理對生活中的「悲劇原型」，進行了「藝術典
型化」的創作，寫成了「有情人終成眷屬」的《小二黑結
婚》。趙樹理的《小二黑結婚》已不同於「五四」時期的
「娜拉出走」；也不同於三十年代的《沙菲女士日記》，它
刪除了「不符合」時代精神的內容，而「昇華」「提煉」或
曰「改造」為一個大團圓的喜劇結局。

作為一代理論權威的周揚，在幾十年前寫成的〈論趙樹
理的創作〉一文中，對趙樹理改造後的「大團圓」結局做出
這樣的論斷：「作者是在謳歌自由戀愛的勝利嗎？不是的！
他是在謳歌新社會的勝利（只有在這種社會裏，農民才能享
受自由戀愛的正當權力）。謳歌農民的勝利（他們開始掌握
自己的命運，懂得為更好的命運鬥爭）。謳歌農民中開朗、
進步的因素對愚昧落後，迷信等等因素的勝利。最後也最關
重要，謳歌農民對封建惡霸勢力的勝利。」

這麼多的「勝利」只是出自於筆下的虛幻。墨寫的謊
言畢竟掩飾不了血寫的歷史。這種觀念對現實的「昇華」和
「改造」，僅僅成為創作方法上「虛飾」和「圖解」的敗

筆。幾千年在這塊黃土地上的封建文化積澱，是絕不會因政權的驟然更迭而一朝改變。於是回顧這段史實，把周揚的理論剖析和嚴酷的生活真實對照著讀，倒真讓人讀出了其中的嘲諷意味。

幾十年後，對趙樹理頗有研究的潘保安先生，他寫出的《老二黑離婚》之所以能在當時引起廣泛的轟動效應，大概正是一種對歷史現象的當代反思，對歷史史實的「撥亂反正」。

又回到了存在主義的根本命題：凡是存在的，即有它賴以生存的社會環境和歷史根源。

評論家傅書華在〈論山西作家群流變中的精神演化〉一文中說：「當趙樹理在《小二黑結婚》中，將生活中岳冬至的慘死改為與小芹的皆大歡喜時，他或許沒有想到，他這一筆恰如中華民族一個時代精神的形象化巨幅標幟，上面赫然印染著自信與夢幻：人自以為清醒地認識了自身，把握著自身的命運。……但這種對自身命運的把握，又是基於一種改造現實的理想的意願。」傅書華說：「夢幻的色彩濃重而又鮮亮。」

弗洛依德的心理分析表明：夢幻是對現實缺憾的一種彌補。

傅書華先生在同文中還說：「人對自身的自信，人與社會、個人與群體的和諧，使生活充滿了幸福和愉悅。『山藥蛋派』作品的字裏行間，溢滿了嘩啦啦的笑聲。」

中華民族是一個善良而又有些懦弱的民族，這種「大

團圓」的喜劇化處理，是一種複雜的民族文化意識的折光反射。這種以道德為核心的價值觀與「大團圓心理」，本質上講是中國人「寰道狀」宇宙觀和人生觀的潛意識的自然流露。其中有著歷史文化和現實心理多方面的深層原因。

忘記苦難的民族註定是無可救藥的民族。那種大團圓的結局是對苦難的歪曲表述。

朱學勤在〈我們需要一場靈魂拷問〉一文中指出：「我們生活在一個有罪惡，卻無罪感意識；有悲劇，卻沒有悲劇意識的時代。悲劇在不斷發生，悲劇意識卻被種種無聊的吹捧、淺薄的訴苦或者安慰所沖淡。悲劇不能轉化為悲劇意識，再多的悲劇也不能淨化民族的靈魂。這才是真正悲劇的悲哀！」

從「山藥蛋派」的喜劇向胡正筆下悲劇的轉化，正是胡正由現實悲劇向悲劇意識的昇華過程。

人們很快從建國初巨大的喜悅中驚醒過來，生活變了一張面孔，向人們露出了它嚴酷的一面。

胡正早年投身革命即在呂梁劇社，並親自扮演過不少角色。胡正說過這樣一句帶有專業術語意味的話：「前臺看著生旦淨末丑你方唱罷我登場，奔騰的歡，其實，都在後臺有線牽著。整個一台木偶皮影戲。」

喜劇把人生無價值的撕開給人看；悲劇把人生有價值的毀滅給人看。喜劇意識向悲劇意識轉化，悲劇比喜劇有著更為深刻的哲學內涵。

評論家楊占平在〈執著地追求生活的真諦──胡正文學創作生涯評述〉一文中有這樣一段話：

　　　　胡正不滿足於只充當生活的歌者，不滿足於只對新人新事的讚揚，也擔當起生活的醫生，醫治社會的創傷。他在下鄉時，發現一些機關幹部做群眾工作不深入調查研究，僅憑主觀臆想辦事，造成了不良效果，於是，寫成小說《七月古廟會》，期望引起人們的重視。作品描寫縣工作組組長魏志傑下鄉時，主觀武斷，強行阻止農民在農閒日子裏趕傳統廟會，激起農民的反感，造成了矛盾衝突。胡正採用喜劇筆法，善意地批評了魏志傑一類幹部的官僚主義作風，並且指出這種作風已經危害到黨群關係，應當予以糾正。遺憾的是，他提出的這個問題根本沒有引起領導部門的重視，反而對《七月古廟會》無端指責，讓胡正實在難以理解。

　　在《七月古廟會》中，胡正沿用的是「山藥蛋派」傳統的「喜劇筆法」，但對悲劇的思索已然顯露端倪。胡正的《七月古廟會》是一九五五年寫出的，直到三十年後，胡正又寫下一篇散文〈五月端陽會〉，再次對農民們的「廟會」做出一個作家的獨立闡述：

　　　　農村的古廟會是農民經濟生活的重要組成部

分，也是他們精神文化生活的重要場所。在繁忙的勞作之餘，在農事間隙中，一年中幾次難得的愉快的集會正是農民的歡樂的節日。

可是在前幾年，由於某些人的極左思想，竟然禁止農民趕會，要以集市貿易代替。故意不用多少年來農民們根據農事選定的，並已成為群眾習慣的所謂「封建」的廟會日期，把張慶村的五月端陽廟會改為農曆四月二十七日。由於不讓農民發展家庭副業，又把賣涼粉、灌腸、瓜菜、鮮果也都視為資本主義，所以集市貿易也不過是把各村供銷商店搬到一村，而各供銷社的貨色又都是一模一樣，看了一個供銷社，就等於看了許多供銷社。所以，四月二十七的集市貿易自然是冷冷清清。而到了五月端陽節，農民們又都不約而同地從四面八方趕會來了。於是，幹部和民兵便奉命在村口把守，不讓進村趕會。農民們帶著農副產品在村口交易也不行。幹部和民兵們便分頭攆會，要把農民們攆散、攆跑，甚而把一些好吃的東西沒收到他們嘴裏去了。

這叫什麼主義對什麼主義？在幾千年的封建社會中，農民年年趕會也沒有趕出一個資本主義社會來。而禁止農民趕會，不顧農民的經濟、文化生活，把農民只當作是一種生產糧食的工具，這又應叫什麼主義！

站在今天議昨天，當我們贏得新的想像空間和言說空間之後，也許會認為胡正的見解，不過是「小兒科」式的思想。但歷史唯物主義的判斷：任何對空間的評述，都離不開時間的衡量尺規。任何言說的價值都在於它言說的語境。「文革」中的許多思想先驅，用生命作為代價發出的呼喊，用我們今天的眼光來看，也不過是一句極平常的話。但先驅們的可貴之處正是在「萬馬齊喑」時發出空谷足音。

　　胡正正是在「割資本主義尾巴」的年代，發出以上「離經叛道」不合時宜的呼聲。

　　還值得提到的是胡正的小說〈兩個巧媳婦〉。它是胡正整個小說中頗具特色的一篇。它在這個作品中借鑒果戈里〈兩個伊凡的吵架〉，使用對比的手法，始終抓住「巧」和「比」兩個環節，展示了她們的對話、舉止、肖像、服飾等外在的姿態。層層深入地剖析了兩個巧媳婦楊萬花與尹芝貞爭強好勝的性格。囿於小農經濟跟貧困地位形成的心理氣質，「巧」使她們清貧的生活依然過得熱鬧紅火；「比」卻使她們好勝之心得以膨脹，結果被人離間，反目為仇，演變為一場人生悲劇。然而隨著情節的進展，到了搶救集體財產時，她們的悲劇又演化為喜劇，釋去前嫌，互相諒解，達到心靈上的默契。應當說，〈兩個巧媳婦〉是胡正塑造人物形象的可喜突破。同時也反映出胡正在由喜劇意識走向悲劇意識時的蹣跚困惑迷茫。

　　胡正說：「〈幾度元宵〉寫得比較淺，為什麼比較淺

呢，文化革命以後，有了一些反思，但還沒有更深考慮。人總是有一些慣性的，過去一些輕車熟道已經形成規律的創作套子，總會頑固地出來干擾你的思路，寫著寫著就又回去了。」

比如胡正在〈幾度元宵〉中，把悲劇的製造者所謂的先進大隊杏灣村的黨支部書記許元治，設計為原來就是一個混入黨內的走資本主義道路的當權派。

正如一個人很難拔著自己的頭髮離開腳踏的大地一樣，任何人都很難以超越時代的局限。

自然界可謂是偉大的造物主。她創造了一個千姿百態五光十色的世界。我們人類的創造，無不受到大自然的啟示。即便這樣，大自然在整個演化過程中，仍產生了那麼多「不是爪子的爪子」、「不是嘴的嘴」、「不是翅膀的翅膀」。瑕不掩瑜，我們大概也應該據此來看待胡正在走向成熟悲劇意識歷程中的反覆和曲折。

胡正對「山藥蛋派」的超越，正是表現在他由喜劇走向悲劇的歷程。

鄭義以寫厚重的悲劇著稱。從他的處女作〈楓〉到〈遠村〉、〈老井〉，再到他九十年代初所寫，為諾貝爾獎獲得者大江健三郎讚不絕口的〈神樹〉，無一不表現出強烈的悲劇精神。鄭義在書面答日本記者有關悲劇精神的問時，說了這樣一番話：「我們離真正的悲劇精神和悲劇文學可能還有一段很長的距離。真正的悲劇精神可能來源於有神論。只有

在有神論那裏，英雄之毀滅才會構成巨大的靈魂震撼：在一個存在神（真理、正義、愛）的世界裏，怎麼可能？在無神論那裏，任何事物的毀滅都不稀奇，不過是『自然規律』。當然，良知也會使我們為悲劇而震撼，但良知畢竟不是神，良知可能維持一種模糊的悲劇感，但單憑良知，建立不起明確的悲劇精神。」

　　現代的人們在探討到「古希臘悲劇」時提出一個問題：這是一個人神共處的世界，所以神的遊戲就成為人的悲劇。神是不死的，他可以無數次地品驗失敗和重新開始生活。而人不行，人的生命的不可逆性，使人成為神的試驗品和犧牲品。

　　胡正在我對他的訪談中，與我談到對毛澤東的神化。這是我與「山藥蛋派」眾作家的談話中絕無僅有的。僅此一點，也可看出胡正思想之解放和反思意識之自覺。

　　鄭義說：「悲劇在我們這一時代，不是悲哀而是昇華。」

　　鄭義還說：「在真正的悲劇中，毀滅的不是英雄，而是歌隊。可是我們遍地歌隊，偏偏嘲弄英雄。在應當響徹安魂曲的大地上，嗩吶和腰鼓響徹雲霄，不知在慶祝誰的豐收。輓歌流失：勒索救助者，歡呼遭殃者，身心在劫，卻敲鑼助陣。這苦難的時代已經喪失了悲劇的特徵。」

　　別林斯基說：「莎士比亞的悲劇比莫里哀的喜劇，反映出更為深刻的社會內容。」

　　寫悲劇還是寫喜劇，已然超越了創作方法創作風格的範疇，成為一種時代特徵的反映。

　讓思想衝破牢籠
　　　——胡正晚年的超越與侷限

九、〈重陽風雨〉：

欲窮千里目，望斷天涯路

馬烽有一次問我：「你知道胡正的〈重陽風雨〉是寫誰呢？是寫老西，寫西戎的一段舊情。」

　　我大為驚愕。「山藥蛋派」作家很少把自身擺進歷史，在作品中很少涉及到自身的題材。

　　我在對胡正的訪談中，向胡正證實這件事。

　　胡正說：「〈重陽風雨〉是把西戎做了原形。那個女的叫盧玲，現在還在太原師專。就是侯家巷的太原師專。師專資料室，退休了。我為什麼很同情她呢？因為當時四十五年日本投降以後，她跑到山上參加革命，分配到我們報社，就是西戎的那個《大眾報》。盧玲人長得也漂亮，中學生，解放區沒有幾個中學生。當時報社的領導是想把她介紹給馬烽，馬烽是《大眾報》的總編，馬烽吃中灶，我們吃的是大灶。盧玲正好是和西戎一起吃大灶，一塊打飯吃飯，兩個人接近的多吧。再一個是春節演出，我們那時一過大年，就搞演出，《大眾報》編寫劇本，編出來以後自己演，他們幾個人自編自演。西戎會拉胡琴，哈哈，我們幾個就西戎還有點藝術細胞，不但在本報社演，還到附近村子演，西戎和盧玲同台演出，感情就多了一點。其實也很簡單，就是這樣。」

　　胡正有一句口頭禪：「其實也很簡單」。我把它理解為一句感歎：後來弄得很複雜的「歷史」，其實當初實在是很簡單。

　　西戎在《雜憶青年時代》中，對這件事有記載：

　　　　根據地生活艱苦，但大家也還能忍受。最使多

數人感到苦惱的是，男多女少不成比例。有些人想談戀愛，也無條件。這位女編輯調來以後，枯燥呆板的編輯生活，因為有了異性參與，說笑起來，人們也有了精神。編輯部除了一二位有孩子的老編輯，絕大多數還是快樂的單身漢。好容易來了這樣一位妙齡女郎，好多人便躍躍欲試，心裏都在暗自打主意。不過當時關於幹部找對象結婚，上面定有幾條不成文的規定，幹部已經把規定簡化為「二五八團」四個字。所謂二五八團者，就是說年齡必須到二十五歲，工齡必須具有八年以上，最難的是這最後一個團字，這是當時根據地流行的幹部待遇。所謂團者，必須享有縣團級的待遇。（筆者注：就是根據地這個不成文的「婚姻法」，演繹出多少愛情悲劇。張潔獲茅盾文學獎的長篇小說〈無字〉，就是對這一制度的控訴！）根據這幾條規定，我對照自己，年齡已經是二十七歲，工齡也已達標，就是級別待遇只算科級，距縣團還有一定距離，自覺條件不夠，因此雖有年輕人的衝動，但還能克制，便不做不切實際的胡思亂想。當時我和馬烽正值《呂梁英雄傳》寫作的高峰，除了編好每一期的《晉綏大眾報》，餘暇都在伏頭續寫連載故事。原來吉喆同志調離以後任命樊希騫同志為總編，實際因常年生病，就根本沒來上過班。領導考慮他身體太壞，不可能上班，為了報紙工作不受影響，後就把馬烽同志提升為總編。馬烽和我同齡，也是一位快樂的

單身漢，提拔以後待遇變成了縣團級，具備了結婚條件，而他自己雖然也感到結婚的迫切，但一心撲在工作中，報紙辦得很有特色，很受領導器重。這時我們的社長郝德青同志因為他曾在新民主義學校當過校長，和我們編輯部新調來的這位女士比較熟悉，出於對幹部的關愛，他便主動給馬烽當紅娘。他把此事告訴了馬烽，馬烽自然十分樂意，對社長很感激，也就主動去找這位女士，下午相約去村外散步、聊天，加深彼此的瞭解。沒有過了幾天，馬烽與這位新來的女編輯交談了幾次，發現女方對他沒有多大熱情，心裏便有些涼了。後來他又找女方散步，女方乾脆告訴他，她心裏已有了愛人，便指名道姓她愛我。馬烽一聽此話，徹底絕望了，便把此情彙報給郝德青同志。從此，他對我並無忌恨，還主動促成我們的結合。正當我們每晚在高家村河邊散步，正在熱戀的時候，一九四九年春，分局決定《晉綏大眾報》暫時停刊，編輯人員全部下鄉參加土地改革工作。我們報社的下鄉人員，都被分散編入各地土改工作團。馬烽分到嶹縣，我被分到臨縣，正在和我熱戀的那位女士被分到了朔縣。因為這是領導的決定，有意見也不讓提，於是只好隨同各縣土改工作團，下去到了各縣。……後來接機關領導來信，說在三查「運動」中查明這位新來的女士，家庭成分很不好，根據分局的決定，這批「三查」出來的人員，全部要清除出革命陣營，由專

政機關遣返回原籍。於是不久，便聽說把我曾經熱戀過的女士，乾脆遣送回了太原敵佔區。當時的政策就是這樣左，你想革命也不准，你自動出來自願投靠革命，不行，參加了革命隊伍，也得把你遣返送回敵佔區。對於這條極左路線，我是無論如何也想不通。

張石山在《文壇行走三十年》一書中，對此事也作了一番描述：

　　當年，馬烽喜歡繪畫，負責劇團畫佈景。漸漸出演個把龍套，最終走上編劇寫小說的路子。聽西戎老師講笑話，說馬烽演過一個什麼小角色，不僅駝背、八字腳的毛病改不過來，臺步還總是踩不在點兒上。

　　關於馬老的駝背問題，還曾經真的成了一個問題。

　　抗戰年代，特殊時期。雖然有嚮往革命的女青年奔赴延安等抗日根據地，畢竟數量有限，參加革命的男士們的婚姻問題成為一個現實問題。解放戰爭時候，情況略有好轉，但依然嚴格按照「二七八團」（二五八團之誤。應以西戎的文字為準）的標準來執行。即年滿二十七歲，八年黨齡，團級幹部，才能被准許找對象。

　　解放前夕，馬烽夠了二十七歲，據說組織上指定了一個異性讓他接觸。但是，畢竟快要解放了，在我們解放區也已經進行過民主改革，實行婚姻自

由。女方不同意，到底不能像最開始那樣搞強迫命令。所以，馬烽需要和對方接觸，要有點談戀愛的樣子。然而，剛剛接觸，簡單那麼一談，女方不同意。側面反饋回來的說法，是嫌馬烽八字腳外帶駝背。

八字腳還好辦些，走路留心，腳尖儘量朝前就是；駝背難辦。平時未加注意，脊柱已是彎曲變形，一時哪裏能糾正過來？即便難以糾正，馬烽也是有則改之、無則加勉，知過必改、有錯必糾，黑間朝天躺在鋪板上，請西戎壓膝蓋、孫謙壓肩膀，爭取儘快將駝背摽過來。

忍疼受罪，馬烽摽了那麼一段駝背，或者多少有點效果？而那位女士終究還是沒有繼續和馬烽接觸，談戀愛吶也就談崩了，馬烽白白忍疼受罪一回。而戀愛既已談崩，摽駝背變得毫無意義，馬烽的駝背也就任其駝背下去。

所以，我們學生晚輩認識的尊師馬老，一直就是一位八字腳駝背的馬老。

胡正向我講述了這件事的後半部分：「……參加盧玲批鬥會的時候，我是《晉綏日報》副刊，她是《大眾報》，編在一個小組裏面批判她。組長是蘇光。每天盧玲在這兒交代，從家庭，她媽媽是個日本人；從家庭出身，然後在太原幹什麼，怎麼念書，唉呀，我記得可清楚了，念書期間，女師麼，經常到杏花嶺散步，當時杏花嶺是一片樹林，在

樹林裏面……我聽她說了情況，這麼件事情，對她有一種同情吧。那麼一個家庭的知識份子，跑到根據地來，人家原來家庭生活並不錯啊，正因為家庭出身不好，才批判她。可反過來講呢，她家庭不錯能夠跑出來參加這麼艱苦的革命，不正說明她追求光明追求進步。反正聽吧，我沒發言。說了半天在太原的情況，念書的情況。後來說到土改這件事……當時群眾不理解，我也不吭聲說話，也不敢說理解也不敢說不理解。批判一頓。當時背景是什麼呢？賀龍中學動員了一批學生，在賀龍中學念書，其中有一批地富子弟，家庭出生不好的，當時有個文件，一律清退。啊呀，包括李束為的老婆呼嗚也是被清退回去的。分三種情況：敵佔區的清退回去被敵人俘虜了，好，你山上來的，抓了；一部分呢躲起來了，躲到親戚家；一部分不回去，就在邊山上，徘徊，討吃要飯，群眾也很同情，形勢一變，又回到隊伍。我們報社跟這文件一塊處理，清除回家。可她家在太原，清除回家，你看我們這左不左？你這明明是把她送到敵人手裏去。而且派人押送，派《大眾報》的一個通訊員，這個人現在也在太原，是中北電影院的經理。押送走走走到林縣的時候，正好押送她的人有一個親戚，這個親戚正好在西戎土改的地方，你說巧不巧？我上面寫的有人還說，因為小說中有些情節過於巧合，破壞了真實性。生活中還真就這麼巧。兩個人見了一面，和西戎見了一面。見面第二天，又繼續押送她，押送到邊山，敵我交界處，押送人分開了，回去了。分開以後，她很快就

被敵人抓住了。抓到特警隊，因為她母親是日本人，所以沒有受太大的罪，幫忙幹活吧，把她留在特警隊幫忙幹活了。這不就等於參加特務組織了。後來太原解放了，她跑出來了，參加文聯，在山上寫過東西，文聯就接收要了。因為她能寫點東西，就調到電臺，電臺後來三反五反的時候，一清查，噢，住過敵人的特警隊，電臺又有文件，像這種有歷史問題的，不能在電臺這類要害部門，一律清退。清退後就到師專資料室搞資料去了。這兩件事情在當時印象很深。感覺到『左』的政策對我們好多同志的傷害。和當年史達林時期一樣，史達林肅反的時候，刑場上被槍斃的紅軍將領，臨死前嘴裏喊的口號是：『烏拉，史達林！』人們看到這一點，很有感觸，如果真是反對你，也算，可人家是忠於你的，這就讓人無法接受。從根據地到解放後到文化大革命，『左』的東西一直貫穿下來。解放以後，她還在電臺，一聽說西戎從山上下來了，到臨汾了，她就給西戎寫信，不行了，『左』的思想。那個女的後來倒和我有聯繫，為什麼呢？老是問我，西戎情況怎麼樣？馬烽情況怎麼樣？因為她和別人不好聯繫，和我聯繫。馬烽是當事人，一看當然知道寫誰。」

這裏還有一個情節：隨著延安和晉綏的「三查」，搞「審幹」、「搶救」，晉察冀根據地這邊也刮起一股抓「國特」的極左風。忽然間就把十六歲的段杏綿（馬烽夫人）也當成了國民黨特務，而且是個「國特小頭頭」。文工隊裏不

敢要她了，對她說：你回村去吧，什麼時候把「國特」問題搞清楚了，再說。於是，她就含屈含悲地回了村。一直等到平反，又當了一年多小學教員，才又重返文工隊。直到現在，她都鬧不清自己怎麼就被打成了「國民黨特務」！

關於延安和晉綏的「三查」、「審幹」和「搶救運動」對「山藥蛋派」的摧殘，我在《馬烽無「刺」——回眸中國當代文壇的一個視角》一書中有詳述。

胡正正是把這一段人生的經歷，進行了一個作家的反思，並為這段看似簡單的「三角戀」，注入了豐富的時代內容。

這裏需要訂正一句。胡正看後說：「我給你說一些小說作品中的人物原形，只是為了幫助和加深你對我作品的理解。小說是創作，總是這兒取一點，那兒取一點。你把西戎、馬烽點出來，其實後面的情節和他們根本沒關係。這就會給讀者造成一種誤解。」

讓我們看一段〈重陽風雨〉上的描述：

何舒瑩依然緊靠著沈紀明的肩膀說道：

「我到木蘭坡後，初次參加土改，感受到什麼都新鮮。發動群眾時，我聽了貧苦農民的訴苦，我對他們遭受地主壓迫剝削的痛苦是同情的。特別是鬥爭那個惡霸地主時，我非常痛恨他，有些婦女還有些顧慮，有點怕他，我就挨家串戶動員婦女們參加訴苦大

會。鬥倒惡霸地主，真是大快人心。可是後來在鬥牛大會上……」

「什麼鬥牛大會？」

「就是鬥爭地主牛佑良。」

「牛佑良，他不是咱們地區有名的開明紳士嗎？那年選舉邊區參議員時，還選他去參加了邊區參議會。」

「是啊！我的房東也跟我說過，牛佑良在我們抗日初期困難的時候，在『四大』動員中出兵、出糧、做鞋、出錢時，就獻出過不少白洋和糧食。可是現在又要向他要底財、要白洋。土改不是要發動群眾鬥倒地主，分了土地發展生產嗎？可是我們那裏卻狠勁地向地主追開底財了。」

沈紀明想起前些時候到工作團聽過傳達康生的講話，他從上衣口袋裏拿出一個筆記本看了看，告訴何舒瑩：

「挖底財不是你們那裏的發明，這是延安來的康生在臨縣郝家坡搞土改時創造的經驗。康生說，地主的底財是個大問題，一定要把地主埋在窖子裏的底財拿出來。他還說，逼起底財來就要死人，但死也不怕。我們工作團長雖然也傳達了康生的講話，但沒有讓農會向地主追要底財。我們這裏是新解放區，離敵佔區很近，搞不好他們就跑敵佔區去了。況且真正有覺悟的農民還是關心分配土地的。前幾天我到我們工

作團開會時，我們團長說，賀龍司令員從內蒙前線回來路過木蘭坡時，聽說鬥爭牛佑良，逼他要底財，還讓他兒子鬥爭他，就生氣地批評他們：『過河拆橋，連天理、國法、人情都不講了！』」

何舒瑩接著說道：

「那次鬥牛大會上，他們不但讓牛佑良的兒子和他劃清界限，還給牛佑良用鐵絲穿上鼻子，讓他兒子拉上遊街。農民們在後面喊著口號。他兒子還是我們的一位副專員呢！我看到那位副專員當時一下子臉就刷白了，兩眼血紅，兩手發抖。鐵絲把牛佑良的鼻子拉破了。我心裏很難受，又看到牛佑良鼻子上流下來的血，覺得一陣噁心，不忍心再看那鬥爭的場面了，就跑回我住的屋裏，不知道是同情那個副專員呢，還是覺得他們太不講政策，太沒有人性，太不人道了，我竟然哭了，偏偏就讓我們工作團的拐腿老黃看見了。」

「……他見我哭了，還安慰我說，他也認為鬥牛太過火了。可是到整黨三查中查立場、查思想、查成分時，他為了表現自己，轉移目標，就揭發我在鬥牛大會時逃離會場，跑回屋裏哭了。他還謊說他批評了我。」

「……」

「他簡直成了批判我的積極分子。說我是臨陣脫逃、同情地主，是階級立場問題。後來我們團長讓我

交代我的家庭情況，說我家是地主成分。團長便決定
送我回家了。」

　　胡正在作品中，通過人物之口說了這樣一段話：「我
們每次運動開始都是『左』得很，過後再糾正。有人認為
『左』比右好，好像越『左』越革命。也有人是害怕別人
說他右傾，所謂『左』是方法問題，右是立場問題。我看
『左』和右都不好。什麼事情也不要過火，比如炒豆子，火
候不到炒不熟，再炒成了夾生飯；過火燒焦了還有什麼豆子
呢！」

　　胡正筆下的牛佑良，就是在晉綏邊區赫赫有名的開明紳
士牛友蘭。為尋訪牛友蘭的蹤跡，我參觀過這位開明紳士的
故居。他把自家的大院捐出來作為邊區政府的辦公地。

　　牛友蘭，1885年生於興縣蔡家崖。1909年入北京京師大
學堂，後因病輟學返鄉。熱心於教育興學，在本縣北坡村創
辦了高級國民小學，又將此校擴展到黑峪口，兩處學校交叉
招生，為興縣和幾個鄰縣培養了大批現代人才。1925年，他
又在縣城聖壽寺創辦了一所新型中學，帶領學生打倒神像，
改建教室，聘請名師，講授新學，成為當時晉西北的一所最
高學府。有論者稱：「在很長一段時期內，興縣中學在傳播
『五四運動』以來的新文化，宣傳反帝反封建的進步思想，
同國民黨右派以及反動政府進行鬥爭方面，發揮了主體和核
心作用。」所以說他是當時興縣地區新派人物的主要代表毫

不過分。抗日戰爭爆發後，他受長子、共產黨員牛蔭冠的影響，從始至終站在犧盟會和共產黨一邊，為抗日救亡竭盡全力。有資料這樣介紹說：1937年秋冬，賀龍、關向應率領的八路軍挺進晉西北，時近嚴冬，官兵穿不上棉衣。牛友蘭將自家復慶永店鋪庫存布匹、棉花、毛巾、襪子、肥皂等物資慨然捐出。為進一步幫助抗日政府解決物資困難問題，他自籌資金1萬元，創辦了「興縣民眾產銷合作社」（後改為晉西北紡織廠，他自任廠長），直接向抗日部隊提供布匹等緊缺物資。友人劉少白為抗日奔走要創辦銀行，又是他動員復慶永股東集資23000元，辦起了興縣農民銀行。「十二月事變」後，中共在興縣建立了晉西北抗日民主政權。為回應晉西北行署提出的為抗日「獻糧、獻金、做軍鞋、擴兵」的號召，他再次帶頭出面，獻金8000元白洋，糧食125石，甚至動員本家婦女捐獻金銀首飾。（這也就是話劇《一萬元》的直接創作素材。）1941年，牛友蘭出任晉西北貿易總局顧問。當他離開紡織廠時，既不索回開工廠資金，也不取廠裏任

1997年深秋，胡正在晉西北興縣黑峪口黃河渡船上

何財物。將一座紡織廠白白奉送給抗日政府。並先後將十多個子侄送往延安參加革命。

牛蔭冠19歲考入太原進山中學，21歲考入清華大學電機系，隨即在校加入中國共產黨，並擔任清華大學黨支部書記。其後在擔任北平西郊區委組織委員時，參與並領導了著名的「12‧9」學生愛國運動。1936年秋，奉派回山西搞犧盟會工作。1937年抗日戰爭全面爆發後，薄一波調離犧盟會總部去組建山西新軍，由牛蔭冠接替薄一波主持犧盟總會的日常領導工作。「十二月事變」後，牛蔭冠參與領導了晉西北抗日民主根據地的創建工作，不久當選為晉西北行政公署副主任。1942年10月，在晉西北臨時參議會上，牛蔭冠當選為副參議長兼晉綏貿易總局局長。「鬥牛大會」召開時，他就是我黨這樣一位高級幹部。當初，是他推動父親走上支持抗日追求革命的道路，又是他主辦著獻糧、獻金、做軍鞋和擴兵的「四大動員」工作，促使父親踴躍帶頭。

胡正做為《晉綏日報》的特派記者，去參加了這次「鬥牛大會」。胡正向我描繪了這次親歷記。

胡正說：「這件事情是我親眼見。我當時是《晉綏日報》的副刊編輯，作為記者出去採訪。牛友蘭是興縣蔡家崖村的大地主。當時很有名。我們根據地剛剛開始建設的時候，很窮，他捐出白洋來，很多白洋，用它捐獻的錢建立了晉綏邊區人民銀行。部隊沒有糧食，他捐出多少糧食來支援部隊，所以大家很尊重他，作為一個開明紳士，參加了邊區參議會。相當於現在的人大。打跑日本人以後，開展土改以

後，作為大地主就開始鬥爭了。他的兒子牛蔭冠，晉綏邊區行署的副主任，牛蔭冠是抗戰初期時的犧盟會領導人之一。薄一波之後，他是犧盟會的主要負責人。後來分到晉西北以後，是晉西北行署的副主任，就相當於現在的副省長，邊區行署是當時地方行政的最高單位。那天要鬥爭牛友蘭了，叫『鬥牛大會』。報社派我去了，說你去採寫一下，回來做個報導。去了以後就看見，把牛蔭冠呢，就貶成一個普通群眾了。邊區書記李井泉，左得很，他就說，把牛蔭冠，他還算是優待你了，讓牛蔭冠坐到貧下中農那一邊去。優待了。不再讓他坐在主席臺上了，你不要再擺領導幹部的架子了，到群眾裏面去，到貧下中農裏邊去。我也在會場，離牛蔭冠不遠。牛蔭冠，你現在要和你老子劃清界限。開會的時候，把牛友蘭拉出來，跪在主席臺前，弄一排灰渣，就是爐灰，好幾個地主都跪在上面了。膝蓋都跪得血肉模糊。批鬥了一會開始遊街，幾個農民，說他媽的，牽牛遊街，就拿鐵絲把鼻子穿上了。穿的時候，當時就滴滴滴地往下滴血呢。穿上以後，還不行，牛蔭冠，你來拉。這把人性摧殘到無以復加的地步了。哎，牛蔭冠也沒辦法，當時就牽上鐵絲。牛友蘭挺倔的個老頭，當時就不走，牛蔭冠勸他，走吧走吧，順從點少吃點苦頭。聽不清，總是勸他吧。讓我給你劃清界線呢，我也是沒奈何，走吧走吧，兒子也是沒辦法。牛友蘭就是不走，老漢倔得很，那時候氣壞了，不要說還對邊區對你共產黨做出過貢獻，就是對惡霸地主也不必要這麼摧殘，對人最大的污辱了。拉扯的過程，你想，肉就連著一點點，最後有

個人拉了一下，就扯斷了。鼻子上的肉扯裂了。這次批鬥會後，牛友蘭從此絕食，就是幾天，死啦。當時看了以後，還是那時候的觀點，倒不是對地主同情，而是對牛友蘭這個人同情。牛友蘭對根據地有功啊，你不能這麼搞呀，把一個人不當人，特別殘酷的對人心靈上最大的創傷是還要兒子去拉父親，你說這不是滅絕人性？那一次，我精神上受到很大的震撼。所以回來以後就沒有寫報導。所以魯順民在《晉綏日報》上查遍了，問我為什麼鬥爭牛友蘭就沒有報導呢？鬥爭劉少白有報導，劉少白和牛友蘭，是當時晉綏邊區最大的兩個開明紳士。鬥爭劉少白大會去了幾個記者，我沒寫，其他人寫了，所以報上有記載。『鬥牛大會』，就我一人去了，我沒有寫，不好寫。按當時的調調寫吧，啊呀，太殘酷了。把人當做牛拉。按真實的寫吧，報社也不會登。所以《晉綏日報》就沒有留下任何文字記載。土改的左，和我們幹部清洗裏面的左，一樣的。對人的這種不信任，對人的精神摧殘太厲害。這件事情，印象深刻，所以能夠寫進去。

作家魯順民寫過一篇文章：〈從胡正六十年前的一份檢查說起〉，文中講述了胡正在《晉綏日報》副刊時的一件事：

　　研究晉綏革命根據地的發展史，中共晉綏分局的機關報《晉綏日報》是一個重點，著名作家胡正老師在1946年開始做《晉綏日報》的副刊編輯……有一

次，跟胡老聊天，說起他在1947年底在報紙上做的一份檢查，胡老馬上爽朗地大笑起來，說有這麼回事。最後胡老說，這個事情嘛，左！

這件事，就是1947年後半年的《晉綏日報》開展一系列反「客裏空」運動中的一個重大事件，當年的報紙稱之為「張紅奴事件」。

始於1947年6月底的反「客裏空」運動，在中國新聞史上影響甚大。「反客裏空」這個名詞，直到今天還在新聞界要時不時地用到，這是當年《晉綏日報》的一大亮點。「客裏空」本來是蘇聯話劇《前線》裏一個新聞記者，成天搖頭擺尾看領導眼色行事，吹吹拍拍製造假新聞，這一形象就成為虛假新聞的一個代名詞。

但是，這一運動又誕生在1947年晉綏根據地土改運動後期「左」的大背景下，因之帶上了濃重的「左」的色彩，這是日後新聞史敘述者不得不面對的一個尷尬問題。從1947年6月開展，一直到第二年二月草草結束的這場運動，前前後後有十多位記者、編輯在報紙上被點名批評，被批判，而報社圍牆外的土改「左」的風潮波及到報社內部，地主出身的編輯被停職、被抄家，被審查，甚至被吊打，犯了「客裏空」錯誤的記者、編輯無一不公開檢討，檢查自己的立場和思想。空氣非常緊張。

反「客裏空」運動不斷深入的同時，1947年

下半年，跟著報社外面的風潮，報社很快也成立了貧農團，按照晉綏邊區農會委員會頒佈的《告農民書》，貧農團有權審查任何幹部和黨員，有權處置任何幹部和黨員。報社的貧農團把所有的編輯審查一遍之後，發現這些編輯或是出身不好，或是思想有問題，於是報社領導別出心裁地提出「貧雇農辦報」的口號，把舊有的編輯人員撇到一邊，由報社的炊事員、馬夫和檢字工人組成一個編輯小組接手報紙的編輯工作。但棘手的是，這些人文化程度不高，大部分人根本不識字，不說辦報，就是連一句通順的話都寫不下來。怎麼辦？總得有一個熟悉編輯業務的人來呀，挑來揀去，報社的編輯看誰誰都長得像個客裏空，要麼是出身不好不堪信任，最後只有編輯副刊的胡正先生差強人意，中農出身，這位日後成為著名作家的小後生，就天天跟在貧雇農屁股後頭當記錄員。

就是在這麼個背景下，胡正捅出個「政治事件」。

事情說來其實很簡單：胡正扣發或者說是「疏漏」了一篇稿件。這篇稿件是〈土改後的保德化樹塔，貧農單身漢張紅奴服毒幸得救，挑撥農民團結的地主老財受到群眾處分〉。張紅奴實際上就是農村常說的那種好吃懶做的「二流子」。土改分給他的糧、地，經不住他的折騰，很快又成為一無所有的窮光蛋。從1940年起，改造農村的「二流子」，

是晉綏邊區政府在農村諸項工作中的一項重要工作。「二流子」不僅僅為鄉村社會日常倫理秩序所鄙棄，而且也是政府多年以來在農村開展互助合作的一個障礙，一向被視為正常社會秩序的破壞力量和改造對象。但是1947年晉綏土改「左」傾氾濫，這類處在鄉村社會的邊緣群體突然受到了格外垂青，被視為是貧雇農中最有鬥爭精神的傑出代表。於是，張紅奴當初因為羞愧之下的自殺事件，就演化出了階級鬥爭的內容。

關於「二流子」成為運動的積極分子，還有一個背景材料：在1964年12月2日中央工作座談會紀要中，記載了毛澤東說的這樣一段話：「勇敢分子也要利用一下嘛！我們開始打仗，靠那些流氓分子，他們不怕死。有一個時期軍隊要清洗流氓分子，我就不贊成。」

胡正作為編輯，不論是出於情感的排斥還是思想的拒絕，總之是漏發或者說是扣發了這篇稿件。在當時左傾的壓力下，胡正只能在當年11月21日的《晉綏日報》上做出檢查。胡正在檢查中深挖了自己如此處理稿件的思想根源：在工作態度上是自由主義；在思想情感上是沒有站在貧雇農立場。稿子也登了，檢查也做了，但事情並沒有完。過了將近一個月，12月17日《晉綏日報》又刊登出村黨支部書記張金駒對張紅奴服毒自殺事件的檢查，他的來信，不僅交代了張紅奴事件的前因後果，還列舉了更多的「張紅奴」。報社的領導還在信中加入若干按語和小評。12月30日，報紙副刊又刊出蕭風的署名文章〈關於胡正同志的檢討及其他〉仍不依

不饒地對胡正大加撻伐。

　　劉少奇提出了黨報工作「第一要真實」的命題，並且多次談到新聞的真實性問題。他批評新聞報導中的「客裏空」做法，指出黨報工作者要「靠真理吃飯」。他指出，「報導一定要真實，不要加油添醋，不要戴有色眼鏡。群眾反對我們，是反對就是反對，是歡迎就是歡迎，是誤解就是誤解，不要害怕真實地反映這些東西。」他還強調報導要全面，他對記者說，「一個政策在執行時，要看各階級、各階層有什麼意見，各種人有什麼意見，看這個政策什麼人擁護，什麼人反對，什麼人懷疑。如果該擁護的人卻反對起來了，就要看是政策的問題，還是執行的問題。你們的責任，就是要從各方面把事情搞清楚之後，再下判斷。」

　　1956年在對新華社的談話中，劉少奇對新聞工作者又提出這樣的要求：「事情是真實的，但如果公開報導了，對敵人有利，對我不利，那麼，就不要公開報導，可寫成內部參考資料。……『內部參考』應該成為一種有權威的刊物。……稿子分兩類，一類是公開發表的新聞，另一類是內部參考資料。」同一張嘴中，卻說出截然不同的話。真讓執行者無所適從。

　　毛澤東的中宣部長陸定一，曾提出過一個著名的口號：「把尊重事實與革命立場結合起來」，雖然從字面上看，陸定一似乎也強調新聞必須尊重事實，完全真實，然而這個「事實」必須置於「革命立場」的統帥之下。於是，官方的意識形態由此從列寧那兒引進了「兩種真實性」的觀點：一

讓思想衝破牢籠
　　──胡正晚年的超越與侷限

種是所謂「本質真實性」，即代表了歷史發展方向的事實，儘管它尚處於萌芽狀態或尚未發生，但從本質上講它卻是真實的；相反，「虛假真實性」只反映事物的「表象」和「假象」，而不反映事物的本質，因此它必定是不真實的。如果以為它是新近發生的事實，「把個別現象誇大成為整體現象」而加以報導，那就必然會犯「客觀主義」和「自由主義」的錯誤，而無產階級的「真實性」與這種「客觀主義」、「自由主義」是截然對立的。

正是這種「兩種真實性」的指導思想，使原本為反對虛假新聞的「客裏空」運動，變成了一場競相發表虛假新聞的比賽。也就有了後來馬烽把生活中的開明地主，按照「本質真實性」的原則，改造成為一個《賈善人》。（我在《馬烽無「刺」——回眸中國當代文壇的一個視角》一書中有記載，此處不再贅述。）

胡正在這裏正是堅守了一個新聞工作者的職業道德。這在當時，是需要何等的道德勇氣。

馬烽也參加了土改，也親歷了土改的慘烈慘毒，也知道「鬥牛大會」的情形。張石山記錄了一段馬烽在與他討論改編《呂梁英雄傳》時說的一段話：

> 當時我們的晉綏邊區，有牛友蘭、劉少白等著名開明紳士，毀家紓難，積極參與支持了中華民族的抗日事業。賀龍的120師，冬天沒有禦寒衣服，僅牛友蘭一次捐獻就裝備了八路軍整整一個團！不幸的

是，當抗日剛剛勝利，我們在土改運動中就殘酷鬥爭了牛友蘭這樣的功臣，給牛先生拴了牛鼻矩來遊街批鬥，直至迫害至死。

馬烽當年親身參加了這場轟轟烈烈的土改運動。他在回憶他親歷的土改時，講述了這樣一個情節。

馬烽說：「……我覺得兩位隊長在掌握政策上都比較穩妥。鬥爭雖然十分激烈，但從始至終沒死傷一個人。對多年壓榨貧雇農的地主，都是按照中央精神執行『給出路的政策』，同樣給他們留下了一定的生產資料和生活資料，促使他們自食其力，重新做人。」

馬烽還說了一段土改總結會上的笑話：「分配完勝利果實，全村貧下中農開了個慶祝會。團部副團長龍政委來講了話。他講話一開始就鬧了個大笑話。他說：『今天是個高興的日子！』剛說了這麼一句，全場子的人都哄堂大笑了。原來那時候這村群眾忌諱說『高興』二字。平素人們只說『歡喜』或『喜歡』。不知為什麼他們竟把『高興』二字，當成了男女發生性生活的代名詞。故而一聽這話忍不住就笑了。當時工作隊員本區張區長，忙寫了個紙條遞給龍政委。條子上寫的是：『請勿說高興。』龍政委看了，把條子往桌上一拍，大聲說：『我們打倒封建剝削，土地回了老家，今天正好又是中秋節，為什麼不能說高興？不但貧下中農說高興，我們工作團也要和老鄉們一塊高興！』這等於說：工作團要和老鄉們一塊過性生活。全場群眾笑得更厲害了。有人笑得

東倒西歪，前仰後跌；有人笑出了眼淚，出岔了氣。龍政委覺得莫名其妙，忙轉身問道：『這是怎搞的?!』張區長忙低聲給他解釋了一番。龍政委笑著低聲罵了一句：『他娘的，這麼好的兩個字，怎麼在這村變味了！』」

土改中的悲劇，在馬烽筆下變成了喜劇。我無法鑒定這是生活的真實還是馬烽的提煉或創作。從中我又看到了「山藥蛋派」的代表作家，對生活中的悲劇進行著喜劇化的處理。

在訪談中，胡正還說了這樣一番話：「馬烽他也有變化。他給我談過，他寫《玉龍村紀事》，思想也不是這樣的，那時候土改的時候，認為地主都是壞的，但隱隱意識到，在現實當中，也有地主是善的，是不錯的。但是鬥爭都是按地主就是壞的鬥爭。要站穩階級立場麼。經過文化大革命，他也有些反思，地主也有各種情況，所以他真實地寫了這。這就好，也有反思麼，當然反思的認識和對過去的看法，有程度的不同。」

胡正終於「化蛹為蝶」，完成了自身的蛻變和昇華，完成了對「山藥蛋派」的歷史性超越。

讓思想衝破牢籠
——胡正晚年的超越與侷限

十、敢問路在何方？胡正笑談〈講話〉

我對胡正的訪談，自然要涉及到毛澤東〈在延安文藝座談會上的講話〉。

　　我說：「對於你們根據地成長起來的作家而言，或者說擴而言之，整整一代文化人，〈講話〉似乎成為你們的《聖經》。」

　　胡正笑了：「是有那麼點《聖經》的味道。」

　　我說：「能談談你對這部《聖經》是怎麼一個看法嗎？」

　　胡正：「這也是文化革命以後有一些考慮。以前在思想上是完全接受。我們當時為什麼接受呢，也是從我們實際的感受出發。因為我們當時演那個大戲，莫里哀的《慳吝人》，曹禺的《雷雨》，費勁挺大，看戲的人不多，搞佈景很費事，那時候在戲臺上看戲，弄成前後兩部分，前邊看了第一幕，讓大家向後轉，後面佈景掛好了，再移到後邊看第二幕。當時就是這麼個思想，要提高咧，就是排大戲、洋戲，可是群眾又不歡迎。就是在這種風氣下，毛主席提出向工農兵學習，寫工農兵的鬥爭生活。所以我們很能接受。你在大城市演這些大戲洋戲可以，在農村，人們對你這一套沒興趣。所以毛主席這條路子指得還挺符合實際。當時接受這一思想。當時領導上讓我們下鄉，到群眾中去，和群眾一起生活，和群眾思想感情接近。當時的整個情緒就是這樣，理解、擁護、按〈講話〉精神來做。」

　　胡正的話使我聯想到一段史實：1939年底，毛澤東在和魯藝戲劇系主任張庚交談時，提到延安文化活動不夠活

躍，提議排演曹禺的《日出》以豐富延安的文化生活。戲劇界人士當然聞風而動，經過二十多天的突擊，於1940年元旦正式公演了《日出》。此後不久，胡喬木又授意可以排演一些中外名劇，就是在這一指導思想下，各根據地劇團排演了《雷雨》、《欽差大臣》、《慳吝人》等一批中外名劇，當時受到毛和延安廣大幹部和知識份子的歡迎。胡正在〈在延安的兩次演戲〉一篇回憶中，對毛的讚許也有記述。令文藝界人士不曾想到的是，兩年後，毛澤東突然翻手為雲覆手為雨出爾反爾改變態度，將遵照他個人指示開展的所有這一切，指責為是「脫離群眾」、「關門提高」、「頑強表現小資產階級情感」。當然，這段史實僅是主旋律中的一段小小插曲，它有著〈講話〉出臺前後非常複雜的歷史、政治、文化背景。

它使我聯想到毛澤東的兩句詩詞：「黑手高懸霸王鞭」；「天翻地覆慨而慷」。正可謂「詩言志」，「文如其人」。不過，我沒向胡正說出我的潛臺詞。誰人能避免歷史的局限？人生如若能倒著走，則真正是「六億神洲盡舜堯」矣！應該說，胡正是坦誠地說出了他們這一代作家的心路歷程。

周揚，作為毛澤東文藝思想的權威闡釋者，早在建國前夕的全國第一次文代會上就說了這樣一段話：「毛主席的〈在延安文藝座談會上的講話〉，規定了新中國的文藝方向。解放區的文藝工作者自覺地堅決地實踐了這個方向，並以自己的全部經驗證明了這個方向的完全正確，深信除此之外沒有第二個方向了，如果有，那就是錯誤的方向。」

周揚的觀點，代表了一代人的文藝思想。

無庸諱言，胡正也是〈講話〉精神培養起來的一代作家。直到八十年代初，胡正在〈五月的回憶與感想〉一文中，還寫下了這樣的話：「今天雖然和當時根據地的情況大不相同了，但〈講話〉的基本精神對於文學創作仍然有著偉大的指導意義。」

胡正還在〈王震將軍介紹我們到延安學習〉、〈在延安見到了毛主席〉、〈在延安的兩次演戲〉、〈回憶毛主席對《晉綏日報》編輯人員的談話〉等諸篇文章中表達了對毛澤東文藝思想的追隨。

一九九二年，是毛澤東〈講話〉發表五十周年，恰逢「山藥蛋派」五作家馬烽、西戎、李束為、孫謙、胡正文學創作五十周年。在這一歷史時刻，中國作家協會和山西作家協會在太原召開了「五老作家創作五十年學術研討會」。會上，葛洛在代表中國作家協會的講話中，說了這樣一段話：「五十年來，五位作家以他們的全部創作生涯說明，他們首先是革命戰士，首先是共產黨員，然後才是作家。他們真正做到了為文為人的一致，作品人品的統一。正如《呂梁英雄傳》的作者馬烽和西戎所說：『我們在寫這本書的時候，首先想到的不是要當作家，不是要創造什麼高雅的文學，而是要盡一個革命戰士所應盡的天職。對於我們來說，拿筆桿和拿槍桿的意義完全是一樣的。』」

山西省作協主席焦祖堯在會上的講話就說得更為明確了：「〈講話〉的發表與山西這一代作家的出現，並不是偶

然的巧合，而是歷史的安排。新的時代造就新的作家，都是
扎根於解放區的土壤裏，吮吸著新生活的乳汁而成長起來
的；都是在〈講話〉精神的指引下，以表現新的時代、新
的人物的全新姿態而走上文壇的。他們的創作歷程，是沿著
〈講話〉所指引的方向，不斷深入生活，跟蹤時代的步伐，
譜寫歷史篇章的五十年……〈講話〉精神哺育造就了山西老
一代作家，五作家五十年的創作實踐印證了〈講話〉精神的
正確和不朽的生命力。」

隨著時間的推移，當我們獲得新的思維空間和言說空
間時，我們再來讀上述這些言論，真是「欲說還休，欲說還
休，別有一番滋味在心頭」。

任何試圖做出的歷史評價，都超越不了時代的局限性。

然而到九十年代初，胡正的思想發生了變化。

胡正在〈談談文學的局限性〉一文中，闡述了這樣的
觀點：

> 我們常常講民主，但我覺得我們的藝術民主很不
> 夠。主要表現在，一個時期是以右反「左」，一個時
> 期又以「左」反右；這個時期這個風氣來了，這種聲
> 音就厲害，另一種聲音就不行了。我們的文藝方針是
> 「百花齊放，百家爭鳴」也就是要發揚藝術民主，堅
> 持實事求是、冷靜地、認真地分析我們的文學現狀。
> 我講一下我們時代局限性問題。我們有沒有局

限性呢？有的。過去我們強調「三為」，現在是「兩為」。過去那「三為」中，還有為政治服務。那個時候為政治服務，搞得好一點，是為政治服務，搞得差一點，就是為政策服務。今天回頭看，對過去的成績要看到，對過去的局限也要看到。

　　胡正的文章中涉及到兩點：「藝術民主」和「兩為方向」。雖然回避了一些敏感性的字眼，然而還是觸及了〈講話〉的實質。

　　胡正以〈講話〉中「百花齊放，百家爭鳴」的雙百方針來說「藝術民主」，這真有了以人之矛，攻人之盾的「別有用心」。

　　毛澤東雖然極力宣揚「百花齊放，百家爭鳴」的雙百方針，但幾十年的現實已經讓人們看清：其關鍵的一點是：毛澤東將「大眾的」等同於「民主的」。這是自身邏輯概念的混淆，還是別有用心的偷樑換柱？現在再去澄清已經沒有了意義。顯而易見的既成事實已經證明：「大眾的」決不能取代「民主的」，因為「大眾的」既可包含民主的成份，也可摻入專制的內容，毛以「大眾的」代替「民主的」，施行「多數人對少數人的專制」，而一旦演變成領袖是代表著「大多數」人的利益時，實質上就完成了「一元化」「專制獨裁」理論的確立。

　　胡正關於「為政治服務」、「為政策服務」的闡述，透過繞口令式的迷障，其實質是對「黨文化」的困惑和質疑。

讓思想衝破牢籠
——胡正晚年的超越與侷限

毛氏「黨文化」觀直接師承史達林，與具有極其強烈的政治功利性和反藝術美學的日丹諾夫主義一脈相承，作為有中國特徵的「黨文化」觀，毛的文藝思想則比俄式的「黨文化」觀更加政治化，表現出更濃厚的反智色彩。從表面上看，毛氏「黨文化」觀竭力強調文藝的社會和政治功用，與中國文學中「文以載道」的傳統有某些相似之處，但「文以載道」並不意味著可以取消文藝的審美功能，將文藝等同於試帖課和八股文。毛澤東在這裏將「文以載道」誇大到極端的地步，同時又吸取了明清顏習齋等鄙薄讀書人的反智思想，結合史達林主義，最終建立起具有強烈民族主義色彩的中共官方文藝路線。一言以蔽之，毛氏文藝思想的實質是將文藝視為圖解政治的宣傳工具，將文藝家看成是以贖罪之身（身為知識份子出身需要改造的「原罪」）為黨的中心工作服務的「戰士」。

當我們深切「理解」了〈講話〉的精神實質之後，再返回頭來看胡正的文章，就感受到了胡正的話中之話弦外之音。

胡正還說：「當時我們對〈講話〉的理解，因為沒有看到全文，只聽到傳達，所謂寫工農兵，所以當時晉綏邊區讓我們下去當區幹部，生活中寫了些東西，所以覺得講話的精神是對的。在實踐中是對的。一直到解放以後還是這個認識，到什麼時候有些變化呢？就是解放以後聽到人們對〈講話〉的一些看法，自己聽到以後呢，也覺得有道理。我們的

寫作呢，沒有反映了現實生活中真實的一面。成了灶王爺上天，讓糖稀糊住了嘴，只言人間好事。在延安時期，就有『魯藝派』『文抗派』，歌頌還是暴露之爭。〈講話〉是當時的一種情況，當時為什麼只讓寫光明不讓寫黑暗呢？因為我們當年的延安，四周圍面臨著白區的包圍，你把延安寫得一塌糊塗，青年們誰還來追求什麼光明呢？這是政治鬥爭的需要，毛主席這樣考慮有他英明的政治用意。但是現在時代已經不同了，革命黨變成了執政黨，你再不讓人說你工作中的失誤和錯誤，那不成了背著牛頭不認帳？再一個，當時就是工農兵，沒有市民，其實工人也很少，就是農民和士兵，當然從實際出發，只有寫工農兵了。現在全國解放了，進入大城市了，有廣大的市民階層，還有廣大的知識份子階層，這個當然就不全面了。〈講話〉有當時的時代背景，什麼也有個時間性，什麼季節穿什麼衣服，夏天你還套件老羊皮棉襖，你不有了毛病？毛主席自己不也反對『教條主義』、『本本主義』？馬列主義也這樣，馬克思處於資本主義時代對工人的描寫，現在的工人早就不是那樣了，還按當時的看就不行了。當時定義：中國共產黨是無產階級的先鋒隊組織，是工農的聯盟。現在連資本家，私營企業主都可以入黨了。連〈黨章〉都可以『與時俱進』做出適應性修正，那〈講話〉為什麼不可以呢？過時不過時，就是有一定的時間性。我年輕的時候讀過契訶夫的《套中人》，不管颱風下雨，出門都要打著雨傘……」

說著，胡正發出「哈哈哈哈」一陣意味深長的大笑。

《汾水長流》無疑是胡正的成名作，當年此書一出，好評如潮，一版再版，並很快改編成電影。一曲〈人說山西好風光〉：「……左手一指太行山，右手一指是呂梁……你看那汾河的流水，嘩啦啦地流過了我的小村莊……」，隨著郭蘭英的金嗓子，傳進了千家萬戶，傳唱了幾代人。正是憑著這部書，確立了胡正今天在文壇上的地位。對於自己的昔日輝煌，胡正是這樣低調與我談到。

　　胡正說：「那個東西，當時是遵循〈講話〉指引的方向，響應黨的號召，自己當時也是那麼認為的，農民要走富裕的道路，必須組織起來，走互助合作化的道路。因為經過土改，土地呀，農具呀，牲畜呀，倒是都有了。但是又遇到點新問題。就是勞力強勞力弱，漸漸又發生了兩極分化。當年李準的《不能再走那條路》，說的就是這個問題。特別是不能病，一病就又窮困了。組織起來力量強大。農村中是這麼一種現象，我覺得應該反映，所以寫了這麼個東西。現在考慮呢，如果在當時還有點意義的話，後來發展的有些左了。如果是一開始的小社，組織起來互助，當時也不失為一種辦法。但後來辦起高級社，把土地都歸了社了，所以等於是對農民剝奪了，農民當然不高興。特別是到公社化，一大二公，農民沒有生產積極性了。所以到公社化的時候，我們也就不好寫什麼東西了。現在回過頭來看當時的東西，也是受左的影響吧。農民要走自己的路，怎麼樣才能發家致富，應該讓農民自己考慮，瞭解農民的願望少，是考慮上面的政策多一點。」

我說：「從當時的同類作品看，也不失生動或者說某種深刻。它反映了在生產關係發生急劇變化的十字路口，各階層人物真實的心理活動。這對於認識當時的歷史是有一定認識價值和研究價值的。但是，畢竟由於觀念因素的影響，它的前提條件就是配合黨的政策，宣傳黨的政策，這就難免落入圖解政策的窠穴。我不知道這種提法你是否贊同，也許失之言重。但你要用現實中自己熟悉的形象來往黨的既定政策上套，那就不以個人意志為轉移地成為『圖解政策』。」

　　胡正說：「是的。誰也是穿著開襠褲過來的，誰也沒必要為自己的幼稚和不成熟臉紅。」

　　胡正在〈昨天的足跡〉一文中說了這樣一段話：

　　　　回顧歷史，不遠的昨天似乎成了遙遠的歷史。……今天看昨天的作品，自然感到它們的歷史局限，而明天看今天的作品時，也可能有今天不可預見的局限。但只要站在時代的歷史的高度，深刻地藝術地表現了一定時代的真實生活，反映出人民的情緒和願望，並給人以思想的啟迪、有益的影響和藝術的美感，精神的愉悅，也就盡了作家對時代的歷史的責任。

　　胡正還與我談到〈講話〉中關於「深入工農兵火熱的鬥爭生活」的問題。

　　胡正說：「我們對什麼是生活，認識上一直有偏差。實際上，我們從一生下來，人的一生一直就是在生活中。不

是說我今天深入生活了，現炒現賣，寫報告文學可以。生活是一個長期積累，所謂深入生活，也是一個繼續積累的過程。而且你記憶中的生活，是經過沉思和反思的生活，是真正觸動過你的生活，怎麼就不叫生活呢？不過不是工農兵的生活，是你知識份子的生活。這不能用以前〈講話〉的精神來理解，只有工農兵火熱的鬥爭生活才是生活，這就太狹隘了。解放後，我們一直是按照毛主席的〈講話〉精神，認為只有工農兵的生活才是生活。所以，我們都有自己的生活基地。過去叫『掛職』深入生活。馬烽、西戎當年是掛職汾陽縣委副書記，我是掛職榆次縣委副書記，把晉中地區的張慶村作為我的生活基地。但是，這種方式的深入生活、體驗生活，結果往往成了走馬觀花，採訪生活。生活其實不是觀察出來的。觀察得到的只是一些外在的東西、表層的東西。掛職和任職是兩回事。農民們的命運，並沒有成為你作家自己的命運。你並沒有把自己擺進去，你仍是個局外人，你不可能與農民『同呼吸，共命運』。所以你的作品，也只能停留在反映的層面上。作為通訊報導，配合政策宣傳還可以。產生不了真正深刻的作品。」

胡正又說：「平時的生活積累，就好比堆了一屋子的柴禾，任何創作都有劃亮火柴的那麼一瞬間，現實中的感觸和記憶中的事件發生了碰撞，冒出了火花，實際上是對現實的感受和認識。你比方搶救運動，當時就不可能有現在的認識，甚至連寫也不敢寫，只有現在，不論生活經驗也好，思想覺悟的提高也好，是用當代意識去寫。」

我說：「孫謙在創作談中，有一個說法給我留下很深的印象：他說他的創作方法就是，他手裏有許多『人乾』，那是爛熟於心的。需要的時候，就到現實生活的浪潮裏去泡一泡，原本乾癟的形象就變得有血有肉了。我一直對此心存疑問：這樣一種張冠李戴的嫁接，沒有了作家的命運擔當，沒有了作家與人物命運的共鳴和碰撞，沒有把現實中的生活現象進入作家自己的內在反思，這種的所謂深入生活，恐怕難免不成為一種過目無心、視而不見、熟視無睹，最終作品中所反映出的就只是一個生動的故事，加上活潑風趣的語言。體驗生活變成蜻蜓點水浮光掠影。成為被動地反映生活。列寧有一句我們耳熟能詳的名言，說托爾斯泰是俄國革命的一面鏡子。實際上這句話是貶低了托爾斯泰做為世界級文學大師的地位。文學作品對生活，並不僅僅是一種鏡子式的反映，不是外在世界加諸於被動心靈的印記，它是有限生命對生活的反思。文學作品最重要的是，造就一個有意味的世界，人們從中可以認識歷史、認識世界、認識自身。它要求作家能夠從自己的內在反思出發，去透視生活。體驗生活，其實是表明了有限生命在生活關聯中的設身處地性。」

胡正：「我的理解是，體驗生活歸根到底是反思自己的生活。」

在看過胡正的〈重陽風雨〉之後，謝泳在他的評論文章〈胡正小說創作的當代意義〉一文中，說了一段很有見地的話：

眾所周知，「山藥蛋派」的一個顯著特點是關注當代社會生活，而且特別是當代農民生活。在胡正以往的寫作中，他好像也從來都是直接從眼前的生活中獲取靈感，甚至是不下鄉、不蹲點，找不到可寫的東西。而〈重陽風雨〉是一篇回憶，遠離當代生活，但卻更有當代意義。汪曾祺曾說過，小說就是回憶。我個人理解，對於個人來說，只有能夠不斷回憶起來的東西才是有意義的，才有其獨特性。在我最初讀〈重陽風雨〉時，我就想問一句，這樣的題材，老作家為什麼現在才開始寫呢？對於一個從戰爭環境中成長起來的作家來說，還有什麼樣的題材能比一個弱女子在戰爭中的悲慘遭遇更具有文學的魅力呢？什麼才是生活？難道人生的旅途中只有在鄉下蹲點的那段時間才算是生活嗎？一個老作家靠回憶寫作，把往日所經歷的一切真誠地告訴當代讀者，無論你的文學技巧如何，當代讀者都會感動的，因為什麼樣的技巧也比不上講真話感人。

　　胡正不再把「蹲點」作為創作素材的唯一來源，他把反思的目光轉向回憶。

　　回憶在浪漫哲學中佔有極重要的地位。柏拉圖的「理念回憶說」，黑格爾對回憶的著名論述，都是眾所周知的；雅斯貝爾斯把回憶視為哲學反思的本質功能之一；現象學家、哲學人類學的舍勒爾則把回憶看作人的價值生成的必然起

點；尼采感到，藝術能激起對沉醉感的全部微妙的回憶，這時一種獨特的憶想潛入心境，那遙遠的難以把握的感覺世界回來了。因而，在他看來，回憶是對潛隱著的生命力激情的召喚；狄爾泰把想像拉回到回憶的根基上，後來的浪漫哲人馬爾庫塞也是這麼做的。他說得很明確，回憶已成為想像的領域，它在藝術中被壓抑的社會所認可，以詩的真理出現。這種回憶式的想像是一種「內在觀念」。「因此，回憶並不是一種對昔日的黃金時代（實際上這種時代從未存在過）、對天真爛漫的兒童時期、對原始人等等的記憶。倒不如說，回憶作為一種認識論上的功能，是一種綜合，即把在被歪曲的人性和自然中所能找到的片斷殘跡加以收集匯總的一種綜合。」

回憶就是截斷歷史之流，中止歷史經驗的離異，使人之為人的人性法則重新進入歷史，在歷史的有限性中重建自身。

胡正寫有〈生活的啟示〉一文，其中也闡述到回憶中的反思：

> 生活中常常會遇到各種各樣的人，聽到各種各樣的事。有些事情你覺得寡淡無味，沒有什麼意思，有些事情雖然當時曾引起你的注意，或因工作、學習、生活的需要，應加以考慮，但過後很快就淡忘了，留不下什麼印象，更不會在思想、情緒

上產生波動。這些和文學藝術無緣的生活現象，自然不會成為文學創作的素材。而生活中有些人物和事件，卻使你感動不已，在思想、感情上發生震動，或愛或憎，引起不斷的思索和聯想，久久不能忘懷。這些生活中生動而又有意義的東西，生活中閃爍著藝術光彩的東西，如像沙礫中閃閃發光的可供淘取的金子，就是文學創作所需要的素材。我在生活中是重視那些使我深受感動的、我覺得生動有味的、能引起我思索聯想的、有意義的人物和事情，作為創作素材的。

在生活中我也記筆記和日記，以幫助記憶和練筆。在構思作品時，有時也翻閱一下有關材料，想從中得到啟發。動手寫作後很少翻閱，主要是依靠生活中那些留給自己印象深刻的東西。因為這些東西從開始接觸時起，便引起思索、聯相和想像，並在不斷的醞釀中提煉、加工，已和原來的素材不同了，由生活的原形發展而變形了，即從自然的生活現象逐漸形成藝術形象了。

生活中那些感動了我的東西，那些感受較深的東西，自然會引起不斷的思考，也就是在思想感情上受到震動的同時，認識並深思它的思想意義。

所謂體驗生活對作家而言，就是透視自己的內心情感。作家自身的內在生活的結構本身，決定了他的體驗程度的深

淺，也決定了他的內在價值的深淺。缺乏內在感受、缺乏內在精神的人，不可能成為真正的作家，哪怕他會寫出華美的辭句，會精巧地摹寫現實。作家之所以能把一件具體的事件提高到真正富有意味的高度，就在於他能從自己的內在精神出發，去透視具體的生活事件的意義。體驗必須是從生活著的感性個體的內在感受出發的。體驗也就是從自己的命運和遭遇出發來感受生活，並力圖去把握生活的意義和價值。體驗本身具有一種穿透的能力。於是，體驗與生活的共生性就只是從可能性上來講的，而並不具有必然性。因為實際上，許多人只是盲目地生活著，並不企求去突破自己生活的「遮蔽性」（海德格爾語）。也許可以這樣說，生活著，不一定是在體驗著；但體驗著，就必定是在生活著。一種是非體驗的生活，一種是體驗著的生活。體驗需要有靈魂，要求把生活的種種關係和基於這種關係的經驗結合起來的內在要求，是生活著的反思，或反思著的生活。因而，體驗是一種指向意義的生活。

胡正對「體驗生活」認識的深化，使他的回憶具有了歷史的縱深感以及時代的深度。

胡正還講了這樣一段話：「毛主席的〈講話〉裏有一個精神，就是反對人性論。當時反對人性論還有一定的道理，共產黨和國民黨，正面臨一場你死我活的命運大決鬥。搞土改，要剝奪地主階級的土地分給貧下中農。革命不是請客吃

飯，不是繪畫繡花，革命本來就是一個階級推翻另一個階級的暴力行動。你宣揚溫良恭儉讓了，還能呼喚起階級仇恨？還能下得了手？還能調動起千千萬萬的革命大軍？所以對反對人性論，在根據地的情況下還能接受。經歷過文化革命以後，眼睜睜看了那麼多人與人之間殘無人性的血腥鬥爭，你不能不想，除了階級性以外，有沒有單獨的人性？有啊，你比方，母子之愛，兄弟之情。就是兩個對立的階級中，也有共同的人性在裏面。國民黨軍隊裏當兵的，不也是勞苦大眾？文化革命當中，沒有了人性，只有殘酷無情的鬥爭。鬥爭走資派也好，鬥牛鬼蛇神也好，階級仇恨，比殺父之仇，奪妻之恨，還要深仇大恨，還要咬牙切齒。中國傳統文化本來是很講『仁者愛人』的，一講階級鬥爭，全沒了。我們林杉老師的遭遇，就很有代表性。林杉老師原來是長春電影製片廠的副廠長，後來調到北京，是《大眾電影》的主編，電影家協會的書記處書記。電影文學協會的主席。建國初期，幾乎家喻戶曉的電影《黨的女兒》、《上甘嶺》就是他創作的。我原名叫胡振邦，就是因為扮演林杉老師編劇的《勝利》中一個叫胡正的角色，人們才叫起我現在的名字。這麼一個令人尊敬的人，文化大革命中不講理，凡是住過監獄的都是叛徒。就因為他住過監獄。他在監獄裏，原來是個青年，在監獄中有一個獄友是戲劇家，林杉老師向他學習了戲劇理論，編劇技巧，接受了進步思想馬列主義。他在監獄裏受到好的教育，或者用當時的說法：監獄是青年接受進步的大學校。文化大革命不管你青紅皂白，不管你在監獄裏是個

什麼表現，一律按叛徒鬥爭。鬥了好多年，粉碎四人幫後才平反了。」

我說：「你幾次談到你的反思是緣由文化大革命而起，我想一定是由於發生在身邊的一幕幕悲劇慘劇給予你強烈的刺激。真正是不僅觸及皮肉，而是『觸及靈魂』。」

胡正：「是啊是啊，就說文革中鬥趙樹理，把肋骨打斷了好幾根，有什麼人性？派性鬥爭裏也沒有人性。與天鬥、與地鬥、與人鬥；鬥則進，不鬥則退；共產黨的哲學就是鬥爭的哲學，鬥得昏天黑地，充滿火藥味，把人一個個都鬥成了烏眼雞。階級鬥爭一抓就靈。階級鬥爭要年年講，月月講，天天講。階級仇，民族恨，永遠不能忘記。仇恨入心要發芽。講博愛，講讓世界充滿愛，成了階級調和論，階級鬥爭熄滅論。我們豎立起的典範雷鋒，也被薰陶得充滿了仇恨。他愛黨、愛國、愛人民，到處做好事，助人為樂，什麼都好，但他就是過不了仇恨這一關。他說，舊社會鞭子抽我身，母親只會淚淋淋，共產黨號召我鬧革命，我奪過鞭子抽敵人。他說，對待敵人要像嚴冬一樣殘酷無情。仁愛精神幾乎在所有的人身上都快泯滅了。就說我們五人的關係（筆者注：指「西李馬胡孫」）原來多麼親密？五十年的情誼，『同志加兄弟』，楞是一次次的政治運動，把人和人的關係搞得緊張到這種程度（筆者注：五戰友關係的歷史恩怨，我在《馬烽無「刺」──回眸中國當代文壇的一個視角》一書中有詳述）。這能叫好？我看，現在中央提出『構建和諧社會』，這才符合人們的願望。」

這裏也需要有一個訂正。胡正對我這節的論述，說了這樣一番話：「我們這一代人和你們不一樣。我們是在〈講話〉精神下培養成長起來的作家。從思想感情上說，我們就不可能反對〈講話〉。這是個感情的問題，更是個立場的問題。你們這一代人，年齡比我們小，就不可能對〈講話〉有我們這樣深的情感。你對我引申得過了。」

讓思想衝破牢籠
——胡正晚年的超越與侷限

十一、讓人間充滿溫情

2011年元月13日，聽說胡正先生住進醫院，我與周宗奇、張石山、王東滿趕到省人民醫院302病房看望。幾天來，我腦海裏總浮現出探望時的一幕：他可能覺得蓋著的厚被子有些熱，下意識地用那隻插著輸液針的手去掀，身邊的司機小武急忙拉住他的手，勸說：「不要抖[8]感冒了。」

這時，就是這時，我聽到了胡正先生在生命最後時刻說出：「我這人一生從來不怕熱，就是怕冷。」這是胡正先生人生的總結？

胡正先生一直處於一陣清醒一陣昏眩狀態，但我相信，他說這句話時，頭腦一定是非常清醒。就在前幾分鐘，當守候在病床前的女兒告訴他，我們幾個來看他了，他還幽默地來了一句：「幾個老傢伙。」胡正先生的這句話，在我聽來，絕不僅僅是對冷熱的感受，而是一種心靈的表白，或是胡正先生人生的象徵。

胡正先生寫過一篇散文：〈我愛夏天〉，文中這樣寫道：

> 有人喜歡春天，春天給人以希望。有人喜歡秋天，秋天給人以收穫的喜悅。有人喜歡冬天，冬天有皚皚白雪。但冬天荒涼寂寞，是最冷的季節。
>
> 我喜歡熱烈的夏天，我不喜歡冰冷的冬天。
>
> 在嚴寒的冬天，在冰天雪地中，人們要穿上厚重的棉衣，或者毛衣、大衣，把身體裹得密不透風。帽

---

[8] 抖感冒：山西土話，「抖」指把被子一掀一掀，容易受風。

子緊壓在頭頂，帽耳捂住了耳朵，圍巾纏繞在脖頸，口罩遮掩了口鼻，只能露出兩隻眼睛。

春天雖然暖和了，但太原的春天是短暫的。天氣乍暖乍寒、時晴時風，剛剛覺得暖和一些，脫去一件衣服，一陣寒流襲來，又得趕緊用冬衣把身子裹嚴。

直到五月過後，風停雲散之後，炎熱的夏天便突然到來了，於是人們才痛快地脫去冬春裹束在身上厚重的衣服，摘掉壓在頭頂上的帽子，除去阻塞新鮮空氣的口罩，解下束縛脖項的圍巾，自由自在地穿起自己願意穿的各色各樣輕柔鮮亮的單衣，無拘無束地裸露出健美的四肢，顯示出生命的青春旺盛的活力。

夏天是令人輕鬆愉快的季節，夏天是人們身心舒暢的日月。

……

夏天使枯萎的刺梅復活了，夏天使春天播種的百花生長出枝葉，開放出豔麗的花朵。

春天人們還僅僅是寄於它們希望，而夏天便看到希望正在成為美好的現實。

胡正在〈我愛夏天〉一文中所感歎的，難道僅僅是節氣冷暖的變化嗎？

楊品對胡正小說〈重陽風雨〉的評論，標題就是用了

「對人間溫情的追求」。楊品以一個評論家的敏銳眼光，看到了胡正的個性特徵和精神內核。

　　胡正在他的回憶中，寫了當他處於死亡線上掙扎時，薛滔、趙瑩對他的救命之恩：

　　　　我昏昏沉沉躺在一眼窯洞的炕上。晚飯時，休養所的護士給我們端來一小盆稀湯麵條，我只喝了幾口，又昏睡過去。睡到半夜，只覺得渾身發燒，口乾舌燥，我蹬開被子，仍感到心裏又煩又悶。我坐起來，想喝幾口水，但我叫了幾聲，也無人答應。我只好爬下炕去找水喝。乘著從破窗孔裏灑進來的一點兒淡淡的月光，我摸到了鍋臺，但鍋裏沒有水。我又摸到了一個水缸，伸手下去探了一下，有水。我便用水缸上掛的鐵瓢，舀了一瓢冷水。「咕咚咕咚」一口氣喝了下去。頓時感受到渾身一陣清涼，然後便回到炕上睡了。

　　　　第二天一早醒來，我驚奇地發現身上不那麼熱了，退燒了。但早飯後卻感到肚子不舒服，跑了兩次茅房。從此，每天都要跑幾次茅房。

　　　　我們劇社送來的十幾個病號中，有幾個輕病號住在另外的地方，有的病好後陸續到延安去了。陝北的十一月，天氣已經很冷了，休養所讓我們五個重病號住在了一眼窯洞裏。女同志有趙瑩、薛滔，男同志有馬烽、小衛和我。休養所派了一位男護士

照護我們吃藥，又從本村雇了一位中年婦女作為臨時護理員，給我們燒水、做飯、打掃屋子。她看到我們上茅房困難，便找來一個便盆放在窯洞前面的一個角落裏。

趙瑩和薛滔吃了幾次藥後，病情稍有好轉。我和小衛患得是痢疾，吃了幾次藥也不見好。每天拉痢的次數由四五次增加到十多次。我還能跑茅房，著急時還能下地坐便盆拉痢，而小衛已經爬不起來了。他的被子裏面儘是屎尿，何所長和戴醫生決定讓他去隔離室，讓護理員把他攙扶到隔壁一間閒空的窯洞裏。又過了幾天，我的痢疾加重了，拉痢的次數越來越多，每天要拉痢二十多次。有時來不及下地坐便盆，已拉到了炕上。護理員只好把便盆端到炕上，我用棉被遮住下身，一直坐在便盆上。何所長和戴醫生來看了我的病情，也決定讓我到隔離室去。當護理員把我攙扶到隔壁的破窯洞時，我奇怪地問她：

「怎麼不見小衛呢？」

她說：「昨晚上死了，今早上抬出去埋了。」

我聽說小衛死了，心裏一陣發涼。她把便盆給我端到炕上，我呆呆地坐在便盆上，看看炕上只有半張破席，沒有留下小衛的一點兒遺物，我又問她：

「把他埋哪裏去了？」

她指了指窗外，從那破窗洞裏可以看到對面的山坡。她說：「就在山坡後面。」

傍晚，護理員來在灶火裏燒了一把柴火，給我端來一碗稀飯，留下兩片藥。我喝了幾口稀湯，便睡了。

灶火洞裏的那把火很快熄滅了，窯洞裏沒有油燈，黑洞洞的。我睡不著，隔不了一會兒就得起來拉痢。我摸索著坐在便盆上，我不知道我的病是否能好，兩片白色的藥片吃了好幾天也不頂事，拉痢的次數越來越多，病越來越重，而今又讓我住進這名為隔離室，實則是準太平房，難道我也要和小衛一樣死在這寒窯裏嗎！

第二天天亮時，我被凍醒了。從破窗孔裏吹進來一股一股的冷風。我抬起頭來，從破窗孔裏看到對面山坡上落了一層白雪，雪地上好像有人走動。仔細看時，是幾個人抬著一副棺材。我想起護理員告訴我小衛埋到了山坡背後，那麼今天又有一位同志要到山坡後面安葬了。我心裏覺得很沉重，癡呆呆地從破窗孔裏看著窗外飄落下來的片片雪花。……我立刻低下頭來，心裏像壓上了一塊涼冷的石頭。我看著對面的山坡，我想我也要去了，去到山坡後面和小衛作伴了。……這時，我忽然想到我親愛的媽媽，我六歲時生了一場大病，媽媽一直守候在我身邊。媽媽，我再也見不到媽媽了！我十四歲離開媽媽，剛剛步入社會，開始生活，我才十六歲，就要離開這個世界嗎？不，我不想死，我渴望生活……

胡正是重情感之人，幾十年後回憶起這段「生死之交」，仍刻骨銘心猶如昨日，胡正說：「在那寂寞寒冷的破窯洞裏，在那生死交界的隔離室，實則是準太平房裏待了九天。那時我剛剛十六歲，就幾乎走到了人生的盡頭。幸虧我們呂梁劇社的女同志趙瑩和薛滔向休養所所長去講情，給我注射了五支針藥，才從死神手中救回了我臨危的生命。」

　　胡正還向我們講述了他與薛滔之間一段充滿「戰地浪漫曲」色彩的經歷：

　　　　1940年6月22日清晨，我們呂梁劇社跟隨決死二縱隊司令部、政治部，由晉西北臨縣木坎塔村出發，沿著小河溝向臨縣大川北面轉移。突然間，從溝口傳來一陣炸雷般的驚心的機槍聲。剛走到溝口的通訊連和警衛連遇到了正在大川裏進行夏季「掃蕩」的日本侵略軍。我非常驚慌，也很害怕，只是隨著慌亂的人流向後急跑，把背包也扔了。跑了一陣，忽然看見前面一個女同志身子搖晃著，好像跑不動了，她的背包也沒有了，她的頭向後仰著，帽子也掉了，一頭秀髮披散下來。我跑過去看時，是我們劇社的薛滔，我便伸出手去攙扶著她，她氣喘吁吁地看見是我，便長呼了一口氣，順從地依靠著我繼續向小河溝後面跑去。……

　　　　我倆跑到一條岔溝的溝底時，薛滔呼呼氣喘，跑不動了，靠在我的胳膊上直喊口渴。這時正是中

午，太陽在頭頂上烤曬著，溝裏沒有一絲涼風。我的衣衫已被汗水濕透了，渾身燥熱，口渴難忍。我看到岔溝裏面的背陰處很潮濕，長著一片綠草。我倆便走進去，只見一個低窪處有幾隻牛蹄印，蹄印裏滲出一點兒水來。我倆也顧不得水髒水臭，便趴下去，她在一個蹄印裏喝了兩口水，我也在一個蹄印裏喝了兩口水。水雖然渾濁苦澀，但覺得火烤火燎的嘴裏肚裏有了一絲清涼。當我倆抬起頭來互相看時，都覺得有些好笑，我們的嘴唇和額頭上沾了不少泥土。她從衣袋裏掏出手絹來，先給我擦了嘴上和額頭上的泥土，然後到一個蹄印裏蘸濕了手絹，擦乾淨她的臉。她臉上雖然還是紅撲撲的，但驚恐的愁雲散開了，在險惡的戰爭環境中，在慌亂和孤獨的情況下，我們相隨相伴著安然地坐在一起，她看著我說道：「我們不要分開了！」我也看著她點頭說道：「好！」我倆在劇社時，經常同台演戲，在我們劇社社長林杉老師編導的話劇《中華兒女》中，她扮演女兒，我扮演兒子。她雖然比我年齡小，但在劇中，她是姐姐，我是弟弟，而現在我則應該像一個大哥哥，把她帶出這危險的境地。……

　　槍聲、炮聲似乎遠了，我爬上山坡時回頭看了看，在大川南面的山上和溝裏，可以看到炮彈落地揚起的煙塵。我忽然高興地說：「我們突圍了！」薛滔聽說我們已經突圍，立刻坐到地上，她跑不動了，她

不想跑了。我們剛在路邊坐下，忽然聽到敵機飛來的嗡嗡聲。我看到路邊溝畔有一個雨水沖刷下的山洞，便拉上她鑽到洞裏，山洞很小，只能容納兩人。洞裏很潮濕，我從洞口拔了幾把野草墊在下面，她剛坐下便靠著我的肩膀睡著了。她睡得那樣香甜，不時發出輕微的鼾聲。我第一次這麼近看著她，聞到她汗濕的頭髮的香味，好像一陣溫潤的微風吹進了我的心田。她靠在我肩膀上時間長了，我的肩膀雖有些酸困，但也不願驚醒她。……天色漸漸黑暗下來，我才叫醒薛滔，從小洞裏爬上來。我倆走到山坡下的小溝裏，找到幾家從大川的一些村裏逃難上來的老鄉，問了這一帶的情況，向老鄉要了兩碗米湯，借了一張棉被，在地塄下面的一個避風處躺下來。晉西北夏天的夜晚還是很冷的，我倆只好蜷縮在一張棉被下睡了一夜。

第二天天剛亮，我們便起身朝東北方向找部隊去了。一面走，一面打聽我們部隊的去向。遇到吃飯時，我到村裏找村幹部給我們派飯。村幹部和群眾對我們非常好，在老鄉家裏吃派飯時，多是黃米撈飯和雜豆麵麵條。有時村幹部給我們找來二斤白麵，我們便自己動手做飯。薛滔和麵，我燒火。她不會做飯，和的麵很軟，只好吃揪片兒。就這樣一直走了十幾天，最後一天早晨，我們驚喜地聽到前面村裏的軍號聲，便急忙跑到村裏找到部隊，回到我們劇社。

這一段短暫而不平常的經歷，使胡正與薛滔之間結下了終生友誼，成為至死不渝的好朋友，雖然天各一方，並不生活在一個城市，相聚的機會也不多，但心是相通的。薛滔解放後先在長春電影製片廠當演員，出演過《呂梁英雄傳》等多部電影的重要角色，又攻讀俄語，曾翻譯過幾部蘇聯電影，後來在八一電影製片廠任文學資料室組長，最後在上海第二軍醫大學擔任俱樂部主任，在附屬醫院任副師級政治協理員，1988年榮獲中國人民解放軍獨立功勳榮譽章。1990年因白血病辭世。為此，胡正深情地寫道：「而今比我小三歲的薛滔已經仙逝，和我同齡的趙瑩正在病中。……歲月流逝而記憶猶新。在人生繁忙而坎坷的旅途中，許多往事的記憶都模糊了，甚至對那些輝煌和苦難、嚮往和遺憾也都淡漠了，而遠去的少年時期的記憶卻是這樣深切而清晰……」

　　胡正還回憶了與吳清娥的青梅竹馬，少年情深，並對吳清娥的不幸遭遇寄予了無比同情：

　　　　趙瑩提到一位小學的同學吳清娥也在北京，不久前還去看過她。我說我也想去看看她，趙瑩便陪我一起去了吳清娥家。
　　　　趙瑩和吳清娥都是我靈石縣城內女子小學的同學，我和吳清娥編在一個班裏，同在一個教室上課，她很聰明，也很用功，她的功課很好，我的算術太差，常要求教於她。她也很樂於幫我。我倆都是從

縣城裏逃難出來的學生，有時也談起縣城裏的一些事情，談起我們的家庭。我們都很想家，上自習時，有誰哼了一句：「我的家在東北松花江上……」我們便跟著唱起這首流亡歌曲，歌曲由低而高，一面唱一面哭，唱到後來竟趴在課桌上大哭起來。

夏天，學校給我們每人發了一套單衣，單衣是請本村的婦女趕製的，沒有縫上紐扣，學校讓我們自己縫紐扣。我沒有針線，也不會縫紐扣，吳清娥便幫我縫上紐扣。她的手很巧，針線活也好，讓我穿上新衣後，看看哪裏不合適，又給我修改了一下。我很感激她，她是那樣熱情，溫柔，她的秀氣的臉上常常漾著微笑。

七月七日，抗日民主縣政府在宿龍村召開了靈石縣各界人民紀念抗戰一周年大會，慶餘村高小派我作為代表參加大會，並在大會上發言。離開學校時，我看到吳清娥送我去開會時興奮的眼神，我開完會回到學校時又看到她歡喜的面容。

……

趙瑩領上我到了吳清娥住的屋門口叫門時，屋裏沒有人應聲。我們問院鄰時，隔壁房間裏出來一位中年婦女說道：

「她以前在這裏，現在不在了。」

「搬到那裏去了？」

「前幾天被抓走了！」

「抓到哪去了？」

鄰家婦女告訴了我們關押吳清娥的地址。趙瑩遺憾地看看我，我卻還想去看看她。趙瑩又和我相跟著到了關押她的地方。

門房傳達員問道：「找誰？」

我說：「吳清娥。前幾天才進來的。」

「你們是什麼關係？」

我回答：「老鄉，同學。」

傳達員讓我們登記了所在單位、住址和電話，拿起登記簿到裏邊去了。我和趙瑩在門房等了好一會，才見一位幹部出來說道：

「今天不是探視的時間，回去吧！」

我剛回到中央文學研究所，副秘書長康濯就把我叫到他的辦公室，我一進門他就說：

「今天闖禍了吧！」

我有些奇怪地說：「沒有呀？」

「今天到哪裏去了？」

「去看了一位同學。」

「剛才打電話來問你的情況，我們給你作了保證才讓你回來。」

啊，原來是這件事。這時我才感到事情有些嚴重。剛才只是想見她一面，現在才想起當前正是鎮壓反革命運動期間。康濯同志沒有再批評我，只是警告我說：

「以後不要去了！」

⋯⋯以後我再沒見到她。這是我年少時第一次喜慕的一位少女，並且相互產生了朦朧的愛慕之情。多少年過去了，而少年時那麼一點兒短暫純真的情誼卻依然記掛在心中。

曾任山西省文委會（文聯前身）主任的高沐鴻，1957年被打成右派。胡正講了高沐鴻被打成右派後，他去看望的情形：

「高沐鴻的右派是後打的，58年才又補上。57年的時候，他沒有參與同人刊物之類事情，但是他在出版社辦的內部刊物《出版通訊》上，寫了一篇文章，叫〈反對教條主義〉。就是我們現在的僵化僵硬，對馬列主義不去很好的領會體會。當時也沒有什麼反應，結果，58年的時候，這篇文章不知道怎麼被中宣部一個副部長看到了，就給省委寫來信，說這篇文章是右派言論。省委那就批判吧。58年初就開始批判。我們文聯的五六個人，還有出版社的都去了。還有報社的，電臺的，劉江他們都去了。批判了三次，也說不下個所以然（胡正在此有嘲諷的一笑）。後來又開黨代會，會上馬烽、西戎、李束為聯名發言，批判這個事情，大概也是上面的壓力。高沐鴻有個弱點，或者說他是有個性，他和人家上面省委書記陶魯茄不合拍。本來他是太行老區的，抗戰初期他就是孟社縣縣長，級別夠高。他是狂飆社成員，從上海回到山西，一流的人物。解放以後，僅僅給他安排了個宣

傳部副部長，兼文委會主任。他就住我們這兒，不住宣傳部，和他們省委的關係不很融洽。所以省委對他也沒什麼感情，不像對老同志。所以中宣部你說怎麼辦，咱就怎麼辦就行了。說不下個所以然，最後還是給他定了個右派。定成右派後，就讓他住在文管會的小院子，有一次，全國文聯副秘書長，因拍個片子路過太原，說我想看看高沐鴻，不知道可以不可以。我說當然可以，我就陪全國文聯副秘書長去那個小院，也沒多說什麼，就一般性安慰幾句。後來平反不久就得了癌症。住了醫院。在醫院時我去看過他好幾次。唉，平反了得了癌症了。挺好的一個人。唉。」

在「文革」後期，山西發生過一件驚天大案：「文革」前，山西省曾抓過一個劇目《三下桃園》，光聽名字就明白與當年王光美「四清」時創造的桃園經驗有瓜葛。1975年，正當「反擊右傾翻案風」風口浪尖的關口上，當年山西省文化界的領導賈克，不知是「階級鬥爭意識」淡薄，還是特別青睞於這部戲的藝術性了，竟然把《三下桃園》進行一番改頭換面，包裝成《三上桃峰》就送進北京參加了華北文藝調演。當年的人們階級鬥爭的弦繃得有多緊？馬上有敏銳的眼睛察覺了其中的「險惡用心」：這不是明目張膽地為劉少奇翻案?!於是乎，一個參加華北調演的戲，演變成一個政治事件。

胡正向我說了這次政治事件中與他有關的一個細節：「《三上桃峰》時有這樣一件事：讓我證實賈克的『罪

狀』。我當時就是堅持一條，我不說假話。當時對賈克不利的一條是什麼呢？當時的導演桑夫，他在北京時候就說，我給他們講過，這個有劉少奇的背景，他們不聽。表示他的高明吧。他是說在我家裏聽到的。桑夫他老婆和我是延安時期的同學，他來山西後，我請他們到家裏來吃飯。在座的還有北京的一個導演，名字我記不清了，還有石丁、賈克。桑夫說，我在胡正家吃飯的時候還跟賈克說過。鬥爭賈克的時候，找我調查。北京的另一個導演說我記不清了。後來找石丁，石丁說，是啊，說過。這不成一對一了？就又找我。問我，是在你家說的，你一定聽到了。我說，我沒有聽到呀。調查組的生氣了，人家桑夫說的，石丁也聽見了，你為什麼沒有聽見呢？認為我是在包庇賈克。我說，他們在我家裏吃飯，我總要出去端菜呀什麼，也許是我出去的時候說的，反正我是沒有聽見。打了個圓場，也等於是耍了個滑頭。後來這個案子定不下來。不是明知故犯，性質就不一樣。後來文教委員會的副主任胡英，我們在晉綏時在一塊，說話比較隨便，一見我就說，老胡，又端菜去啦？」

　　我還瞭解到胡正文化大革命中的一個細節，我問胡正：「就在你們現在住宅的這個坡上，原來是個大會堂。我聽說文革中有一次開批鬥會，你也拿了個小馬紮[9]坐到後面。結果，主持會議的軍宣隊長，當著一禮堂的人，胡正，你混充

---

[9]　小馬紮：帆布帶紮成的小凳子。

什麼到革命隊伍中來，你給我滾出去。」

胡正：「有過，有過。」

我說：「這是對人格的一種污辱。我想這恐怕會對你產生很大的刺激。」

胡正：「是啊是啊，文化大革命，就是人性的大泯滅。但是呢，比起其他那些人，比起趙樹理、馬烽他們挨批判鬥爭的人來，想開一些麼，你應該慶幸了。我是來也不是，不來還不是。我想起趙樹理在批鬥會上的處境：紅衛兵造反派喊『毛主席萬歲』，趙樹理跟著喊，紅衛兵造反派說，你一個黑幫分子也配喊？趙樹理不喊，又說趙樹理對毛主席本來就沒感情。做人難做到這種份上，你怎麼做也是個不對」。

竺可楨曾對一位浙大同事說：「世界上有兩種勢力最大，一種力量以恨為出發點，一種力量以愛為出發點。共產黨是以恨為出發點，所以天天要講鬥爭、打擊、痛罵。」他認為「要拯救中國，要達到世界永久和平，只有以愛為出發點才能做到」。

雨果在描繪法國大革命的《九三年》中有一句名言：「革命是一架嗜血的機器。」這架「專政」的機器，歸根結底是把人不當人，血肉之軀的活人碰上冷鐵的革命機器。這與胡正「溫情仁愛」的思想發生了劇烈衝突。

胡正說：「歷次運動，一個接一個的運動，把人性都扭曲啦，沒有了。沒有溫情，用政治對待一切了。所謂政治呢？也不是真正的民主政治，大眾的政治，而是當時的

讓思想衝破牢籠
——胡正晚年的超越與侷限

需要，實用主義的政治，把人搞得沒有正常的關係了。現在人們有了環保意識，一說就是空氣質量如何如何差，一說就是食品污染了，水污染了。要叫我說，最大的污染是把人與人的關係給污染了，我們需要治理的是我們人生存的環境。」

胡正在讀完張平的《孤兒淚》之後，飽含血淚地寫下：〈人間呼喚真情〉；胡正在為崔巍和鈕宇大合著的長篇小說《愛與恨》作序時，乾脆命名為：〈淚與呼喚〉。

胡正內心充滿了對真情溫情的渴望和呼喚。

讓思想衝破牢籠
——胡正晚年的超越與侷限

十二、〈明天清明〉：

一曲舊歲月的輓歌

我對胡正的訪談預約了將近一年。去年夏天，胡正說，天氣太熱，等涼快點吧。以後蕭瑟秋風冰凝大地過了兩個季節，胡正再沒有回音。

　　春節過後，我再次預約。

　　胡正說：「我這呼吸道，氣喘病，天氣一變化就弄得你咳嗽氣緊。乍暖還寒時節，最難將息。過了這一段吧，等氣候穩定了咱們再談。」

　　那一瞬間，我心中湧起一個疑惑：「氣候穩定」是否是個雙關語？是否是老人的託辭？是否我一開始把採訪意圖表達得太直截了當，說得太有點「單刀直入」了？引起了胡正的顧忌？

　　我多慮了。胡正主動約我：「明天清明，後天你有時間嗎？」

　　明天清明?!

　　事後回想起來，生活中真有些匪夷莫思陰差陽錯的巧合，冥冥之中總有些富於象徵性的文學意境驀然冒出來。

　　在新世紀到來之際，胡正寫出了〈明天清明〉。

　　胡正說：「從〈重陽風雨〉到〈明天清明〉，在思想、情緒、背景上，都有延續性。所謂延續，都是在『左』的思潮下，把美好的愛情給毀了。人物都是從我經歷的現實中取材。〈明天清明〉寫了兩對戀人的愛情悲劇：方之恭與郭如萍；史佑天與吳彥軍。郭如萍的原形叫郭冰如，是我們戰鬥劇社的一個文工團團員。她的戀愛對

讓思想衝破牢籠
　　　　——胡正晚年的超越與侷限

象，就是晉綏邊區宣傳部副部長非垢，也是解放區文學史上一個著名詩人。關於非垢，有必要做一個批註：據1993年山西文藝出版社出版的《山西文學史》記載：「在晉綏根據地，1942年夏天圍繞女作家莫耶寫的小說《麗萍的煩惱》，展開了一場文藝思想論戰。小說發表後，非垢首先提出作品中的「某長」不符合生活真實，作者把女主人公與「某長」愛情的破裂歸罪於「某長」，產生了「有害的影響」。以後發表的許多文章，由批評作品到批判作者，由藝術描寫的缺點上升到批判作者的政治立場。這次討論涉及的理論問題有，能不能描寫革命隊伍中的不和諧的愛情，如何表現領導幹部的內心矛盾以及錯誤等等。這次討論對晉綏根據地文藝的發展和繁榮產生了消極的影響。」就是這樣一個有著嚴重「左」傾傾向的宣傳文化領導人，被胡正選中為愛情悲劇的主角。（胡正訂正說：「非垢在生活中其實是非常忠厚的一個人。」）他們倆戀愛。非垢，沒有垢，冰清玉潔。名字上也反映了性格。因為郭冰如和我一個劇團，和我比較熟悉。給我講了她們的故事。因為政治原因，表面看，組織上還是用一種比較溫和的辦法，把他們倆人分開了，不讓接觸，也就把倆人的戀愛割斷了。其實這正是造成他們以後悲劇的根源。是對愛情的一種摧殘。另一對是北京陸定一的小姨子，有一些影子，不完全是。（胡正訂正說：「你怎麼把『陸定一的小姨子』也點出來了？陸定一可是個政治上有影響的大人物，這樣會讓一些人大做文章。」）和中央的領導吧，戀愛關

係。後來中央對他們處理還是不錯的。男的有家庭，發現他們有戀愛關係以後，怎麼辦呢？分開，正開會呢，讓賀龍把女的帶回去，照顧照顧工作。這就是史佑天的取材原形。史佑天的父親，那是個真人，我們團的個副團長，苗波，臨汾人，這個人對我很好，我們倆關係也不錯，後來得了癌症了。他家裏面結過婚，還生過一個孩子，他娶了個文工團團員，他在北京的時候我還去看過他，很好，兩人的家庭，生了幾個孩子。後來苗波的父親，帶著他的老婆，去北京住下了，就是不走，你不要父親了？你不要老婆可以，你不能不要父親吧？我就認這個媳婦。硬在北京住著不走。啊呀苦惱的，怎麼辦呀？父親又是這麼頑固，他的媳婦也是封建的受害者，我也不能說她什麼。弄個房子在北京住下。他現在的老婆就受不了了，他說，我怎麼解釋也不行。她說你有行動嗎？你說我怎麼行動呢？勸他父親，怎麼說好話，就是不走。一點不體諒兒子。這小說吧，就是這兒有點影子，那兒有點影子。看起來是一個封建禮教對純真愛情的摧殘，但其實不是。裏邊有更深層的原因。寫這個題材，我醞釀很久了。我就對我們這種婚姻狀況不滿意。但也就過去了，只是覺得這件事情不好。根據地的這個婚姻問題很麻煩，一般不允許你結婚。女同志少，有點『配給制』的意味。大家對這有些看法。也有點『喬太守亂點鴛鴦譜』的意味。只考慮男方的地位，根本不考慮女同志的感受，願意不願意。造成了很多婚姻家庭的悲劇。當時對這個就有些看法。但是沒有做更深一層

的考慮。還是在文革以後，才又對這些往事進行了重新思考。」

胡正又說：「有一點，你看得時候不知注意了沒有？我反思的另一個重要方面，就是對我們封建的東西。這是根深蒂固的。文化革命的時候，好多農村的神龕裏，放進了毛主席的塑像。晨昏一爐香，早晚三磕首。早請示，晚彙報，這是馬克思主義的東西？我在〈明天清明〉中寫著，封建的東西和極左的東西像一把雙刃的劍，左的東西也是受封建的東西影響，封建就是獨裁專制麼，封建的東西更助長的左的思潮。兩個是一母生得兩個雙胞胎。嘿嘿，這個就說得嚴重一點了。」

我說：「你這個說得很深刻。」

胡正：「把馬克思主義的學說，簡化為一個暴力學說。馬克思主義的道理千頭萬緒就是一句話：造反有理。暴力學說的自然延伸，是一個階級壓迫一個階級的專政，就又返還回到封建的獨裁專制上去了。我們現在的思想僵化也是封建的東西，不民主啊。從孫中山的革命起，就沒有完成資產階級革命的任務，這還是陳獨秀的理論。對封建主義的東西沒有徹底清算。」

我說：「你總結出了一個歷史的事實。中國的現當代史，確實反映了這樣一個歷史現象。孫中山組建「中華革命黨」，黨章上就明確要求每個黨徒必須按手印，宣誓效忠領袖，無條件接受領袖的處置；袁世凱一旦大權在握，馬上上演了恢復帝制、穿上龍袍的醜劇；蔣介石公然闡述他的「新

生活運動」的目的與意義，就是要促成每一個中國人都樂於為國家犧牲自己；毛澤東就更不必說了，我們都生活在毛澤東時代，有了更多的感同身受。其中貫穿的實際上都是封建主義思想。都是一人凌駕於黨之上、國之上、民族之上的獨夫民賊。中華文化這塊土壤，不會產生華盛頓、傑弗遜一類的民主領袖。一種土壤只會產生與之適應的思想。中國幾千年的封建文化，已經形成深厚的積澱層，一種新思想的萌芽，很難破土而出。」

胡正：「對了，沒有把資產階級革命的民主、自由、獨立的一套承接過來，而還是打倒皇帝做皇帝。」

我說：「實際上比皇帝還不如，因為皇帝有血緣做保障的繼承大統的合法性，所以朕可以下『罪已詔』而不影響他的執政地位；而變種的封建專制，則必須擁有『真理的化身』的前提，所以容不得任何向他『一貫正確』的挑戰，對自己的任何過失和錯誤，必然是文過飾非嫁禍於人。要不然，就失去了執政的合法性。你所感受到的文革前毛劉的矛盾，其實質也是這麼一個問題。」

胡正：「錯誤地接受巴黎公社失敗的教訓，認為是對敵人心慈手軟，血腥鎮壓不夠。特別是我們的國情，這個封建思想不僅在上層，在下層也很嚴重。所以上下結合起來形成的力量是非常強大的。」

胡正的談話中提到了「法國大革命」。雅各賓黨人對自己的這場革命有一個最好的說法，他們把自己執政的這個階段，稱之為「共和二年的文化革命」。現在不少史學

家已經把法國大革命和中國的文化大革命相提並論做了比較研究。

浪漫派的詩人和哲人們大都為法國大革命的勝利激動過。年輕的謝林與黑格爾一起激動地種下了一棵自由樹。但隨之而來的雅各賓專政又把他們推入失望、苦悶的深淵。他們感到，對法國大革命將會帶來自由的美麗幻想被大規模的暴力鎮壓、流血的動亂以及出現的新的道德敗壞現象打破了。施勒格爾對法國大革命的見解是很有代表性的：法國大革命固然是各國歷史上最偉大、最值得注目的現象，是一次世界性的大地震，但也是時代最可怕的怪事，最深刻的偏見，它把時代推入一個殘酷的天翻地覆之中，交織成一齣人類的悲喜劇。法蘭西民族性格中一切悖理的東西都壓縮在這場革命中了。浪漫派詩人哲人們對人類的真正的自由和解放的思考變得審慎起來。人的命運、歸宿和去向，已不是一般意義上的民族和歷史的問題，而是一個帶根本性的人類的命運問題。

民族歷史的苦惱在此濃縮為人性反思的苦惱。

歷史驚人地相似：又有多少中國的作家文人為共產黨的勝利激動過？胡正提到法國大革命絕不是率意為之！這一見解中充滿著矛盾、困惑、否定之否定等複雜的情緒。

我說：「無產階級革命在推翻封建主義的過程中，有一些現象是值得深思的：一七九三年的法國大革命，當巴黎公社委員會的理性法庭宣佈：『無例外地立即關閉巴黎現有的一切教會和教堂』之後，不無諷刺意味的是：羅伯

特庇爾等倡導崇拜的『最高實體』，又成為一種新宗教被同一理性法庭宣佈為合法的『國教』，天主教堂改名為理性教堂，神龕中端坐進了革命領袖的半身像。在蘇維埃革命的三十年代，上演著一幕幕搗毀教堂的無神論戲劇，『宗教是麻醉人民的精神鴉片』的標語充斥了公共場所，孩子們在學校集體焚毀聖像，廢棄的教堂和修道院變成了倉庫，聖像下是一堆堆土豆或其他東西，腐爛氣味溢滿了空曠的教堂，常年不散。無神論戲劇上演到高潮：成千上萬的革命民眾，高喊著革命口號搗毀了西蒙修道院，搗毀了莫斯科最宏偉的教堂『救世主基督教堂』之後，史達林作出了一個極具象徵意義的決定：在老教堂的廢墟上建立無神論政權最宏偉的『新教堂』——蘇維埃宮。宮頂上將樹立列寧的巨像。馬克思主義否定政治起源於神，然而歷史上信奉馬克思主義的政黨，卻一次次否定了舊神的存在，而發起一輪輪新的造神的政治運動。這不是封建主義的死灰復燃沉渣泛起借屍還魂又是什麼？你的反思確實是挖在了問題的根源上。」

　　我還說：「近些年來，又出現一個奇特的社會現象：計程車司機把毛澤東的塑像做為祈福避邪的符，懸掛於計程車內。把活人做為神供奉是可悲的也是可怕的，因為活人總在變化之中，我們樹英雄模範總是一種犧牲後的追認儀式。政治權力神聖化，成為歷史上老譜不斷襲用，花樣卻時時翻新的循環鬧劇。」

　讓思想衝破牢籠
　　　——胡正晚年的超越與侷限

〈明天清明〉，胡正是寫出了對舊思想、舊歲月的祭奠。是運用了現代派的一種象徵手法。

讓我們看〈明天清明〉中的一段結束文字：

清明節快到了，還有幾天是清明節呢？她（郭如萍）回到屋裏，看到窗戶旁邊掛著一個月份牌，她走過去，翻過昨天的一頁日曆，她看到今天的日曆上印著四個字：明天清明。啊，明天是清明節，明天去給清明節上墳吧！……她正想著今天上午上街買些什麼祭品時，忽然想到明天清明節吳彥君也會去給方之恭上墳的。她和吳彥君在晉綏軍區醫院同住一個病房時，她們同病相憐，無話不談。那時是好朋友，現在吳彥君是方之恭的妻子，她不想給方之恭上墳時見到吳彥君，她決定今天就去上墳。

天空灰濛濛的。一片烏雲游移過來，下起了小雨。她急步向西走去，路過一家花店時，她買了一束白色的鮮花，又在雜貨鋪裏買了一些香表和白紙。出城後她看到郊外迷漫著一層薄霧，在乳白色的薄霧中，隱約看到前邊有一片樹林。她一直向樹林走去，在樹林中，她看到了墳墓和墓碑。啊，這就是西郊公墓了。她隨著樹林中飄浮的薄霧向前走去，尋找著新的墳墓和方之恭的墓碑。在幾株新栽的松樹旁，她看到了方之恭的墓碑和墓碑後的新墳。郭如萍心裏一陣痛楚，淚水又湧流下來。她走到墓碑前，獻上她捧來

的那一束猶如杏花一樣潔白的鮮花，她跪下來，點燃了她帶來的香表和白紙。香煙在她頭上繚繞，黃表和白紙漸漸燒成灰燼。

過了一會兒，她忽然聽到後邊有人走過來了。她站了起來，轉身回頭看時，從薄霧中走來一位女子。她覺得有些眼熟，定睛看時，那不是吳彥君嗎？啊，是她！她不願意在上墳時遇到她，而她也在清明節前一天上墳來了。郭如萍急忙躲在一株松樹後面，看著吳彥君拿著一束黃色的鮮花走過來了。她仍是那樣清秀端莊。可是她沒有向方之恭的墳墓走過來，而是一直向前走去了。郭如萍看著她的背影，看到她走到一座新的墳墓和高大的墓碑前站住了。當吳彥君低頭彎腰往墓碑前獻上一束鮮花時，郭如萍才看見了墓碑上的幾個大字：史佑天之墓。

郭如萍從松樹後面站了出來。她看到方之恭的新墳，兩眼酸澀，心裏難受。一隻布穀鳥飛到松樹枝頭，松枝顫動了一下，松針上存留的清晨的雨水和乳霧凝結的幾滴水珠滴落下來，滴在了郭如萍的濕潤的臉頰上，又和著淚水落在了墳前的草地上。

清冷的晨風吹過來，乳白色的薄霧開始飄散了，雲霧中射出了一線陽光。一會兒雲霧又遮蔽了太陽。又過了小會兒雲霧漸漸全散開了，一輪耀眼的紅日升到了晴朗的中天。

胡正為讀者豎起了兩座墓碑。

劉曉波在〈讓清明變成石頭〉一文中有這樣一段話：
「凝視無辜亡靈的遺像，要在欲哭無淚的眼睛正中，冷靜地
插進一把刀，用失明的代價換取大腦的雪亮，讓銘心刻骨的
記憶拷問倖存者的靈魂，讓清明變成石頭，橫在我記憶的荒
野中。」

劉曉波還寫過一篇〈在清明節閱讀亡靈〉：

　　清明，是中華民族傳統的祭奠亡靈的日子，中共
官方在舉行盛大的祭黃帝陵儀式，我坐在家裏重讀三
份民間書寫的亡靈記憶……他們的墳墓在哪裏？誰會
為他們捧上一束野花？我的雙腳被捆綁，只能用心去
尋找去祭奠，但心的行走需要拐杖。面對那些在荒原
上踉蹌而行的勇敢掃墓人，只能坐在電腦前的我，倍
感羞愧。

　　……

　　這些亡靈至今無法瞑目，因為，他們不是死於私
人事件，而是死於重大的公共事件；他們不是死於疾
病、老朽、車禍，也不是某個歹徒的殺人搶劫或私人
復仇，而是死於公權力的野蠻濫用所製造的舉世震驚
的公共災難。所以，唯有公開的公共性祭奠和國家性
補償才能還這些亡靈以公道。

　　……

　　在被恐怖逼出的遺忘中，在被謊言淹沒的記憶

中，在被利誘收買的麻木中……

清，透明純淨；明，照亮黑暗；對公共災難中冤死的亡靈的清明祭奠，就是以清澈的記憶之光照亮墳墓的幽暗。

感謝三位民間記憶的頑強挖掘者！

是你們，用鮮活的個體和災難的細節，保存了那一個個含淚滴血的日子，讓亡靈們永遠活著，讓我這個倖存者永遠謙卑，讓被圍追堵截的悼念變成荒原上不死的石頭。那是恐怖的鐵錘砸不碎的石頭，可以吶喊，可以飛翔，可以化為刺進民族心臟的針尖，用滴血的心保持記憶的明亮。

這究竟是一個「享祭」還是「獻祭」的場面？是把革命者放在了革命的祭壇上，還是把革命放到了革命者的祭壇上？

從胡正的「墓碑」上，我們看到了更多的文字。

說來有趣，胡正的創作歷程也是從一篇小說〈碑〉起步。1942年底，胡正聽說了一個婦女抗日幹部做群眾工作時被敵人包圍，寧死不投降，跳河犧牲的故事，讓他特別感動。胡正在為劇社編輯壁報時，寫成小說〈碑〉，抄在了壁報上。劇社的同志和綏德地區文藝界抗敵協會的作家，對〈碑〉給予了較高的評價，也提出了一些修改意見。他在壁報稿的基礎上做了認真修改，寄給了延安的《解放日報》。1943年5月26日的《解放日報》予以刊發。不久，國統區重

慶的《新華日報》也做了轉載。

墓碑是對死者的祭奠，是對往事的告別。

前蘇聯國歌的作者，國際公認的偉大作曲家蕭斯塔科維奇，在他走完自己生命歷程的最後時刻，為他的傳記《蕭斯塔科維回憶錄——贈言》逐頁簽字，確認了這部書的真實性。蕭斯塔克維奇在書中告訴我們：他的第七、第八交響曲，從來就不是前蘇聯當局向世人宣稱的那樣，是頌揚史達林的讚歌；是誓死保衛列寧格勒的號角。蕭斯塔克維奇澄清說，他的「交響曲多數是墓碑。是獻給因政治迫害而死在何方、葬在何處都不知的每一個受害者的」。這個傑出的蘇聯作曲家生前扭曲自己，人格分裂，隨時準備阿諛奉承偉大的黨。但他沒有用自己的作品撒謊。他沒有蒙著自己的眼睛說我看不見，更沒有讓自己的心肝一道跟著硬化了去。這就是為什麼，他生前就決定死後必須公佈真相。音樂無字，因而他可以犬儒一生，但他絕不愚弄後世。他畢竟贖回了自己的良心。

我問胡正：「我把〈幾度元宵〉、〈重陽風雨〉、〈明天清明〉看作是你的反思三部曲。你為這三部重要作品的命名，都採用了農業的節氣：正月十五的元宵節、九九重陽的登高節、還有祭奠亡靈的清明節。我想這恐怕不是隨意為之，或者說僅僅是一種巧合吧？這其中一定有著你的深刻寓意？」

每年正月十五是中國傳統的元宵節。正月十五鬧元宵，

這是個喜慶的節日。每逢這一天，家家戶戶要掛彩燈，放焰火。大街上高掛千萬盞琳琅滿目的花燈。辛棄疾有詞描繪了元宵節盛況：「東風夜放花千樹，更吹落，星如雨。寶馬雕車香滿路，鳳簫聲動，玉壺光轉，一夜魚龍舞。蛾兒、雪柳、黃金縷，笑語盈盈暗香去。眾裏尋她千百度，驀然回首，那人卻在燈火闌珊處。」元宵節起源於二千多年的漢朝，皇帝的宮殿裏到處是花花綠綠的宮燈。漢武帝在創造《太初曆》時，就把正月十五作為一個重大節日。每逢這一天，皇宮裏的所有燈盞都要大放光明。當時，元宵節玩燈賞燈，還僅僅局限於深宮禁苑，並沒形成民間風俗。元宵節成為萬民同慶的燈節，乃是唐之後。由於唐朝前期政治穩定，經濟繁榮，老百姓安居樂業，唐朝的皇帝就把宮燈搬到大街上，令萬民觀賞。以示歌舞昇平。

　　重陽節：「九九重陽」的說法，最早見於《易經》。該書以陽爻為九，把九列為陽數。重陽節的月和日恰逢雙九為陽，兩陽相重，故名重陽。屈原有「集重陽入帝宮兮」的詩句，說明在兩千多年前的戰國時代已形成風俗。重陽節風俗很多，如登高、插茱萸、賞菊、飲菊花酒。重陽登高，最早見於梁代吳鈞《續齊諧記》一書。大意是，東漢時，汝南汝河一帶瘟魔為害，疫病流行，呻吟痛苦之聲遍佈。有個名叫桓景的人，歷經艱險入山，拜費長房為師，學消災救人的法術。一天，費長房告桓貫：「九月九日瘟魔又要害人，你快回去搭救父老鄉親。」並告他：「那天登高，再把茱萸插在紅布袋裏，紮在胳膊上，喝菊花酒，就能挫敗瘟魔，消除

災殃。」桓景回鄉，於九月九日那天，汝河洶湧澎湃，雲霧彌漫，瘟魔來到山前，因菊花酒氣刺鼻，茱萸異香刺心，難於靠近。桓景揮劍激戰，斬瘟魔於山下。傍晚，人們返回家園，家中「雞犬牛羊，一時暴死」，人們卻免受災殃。從此，重陽登高避災的風俗，就世代相傳了。

清明節：每年西曆四月五日前後，是中國的傳統節日——清明節，它是我國農曆的二十四節氣之一。這時候，中國的大部分地區的氣溫轉暖，萬物萌發，讓人感到格外清新明潔，因此叫做清明。中國自古以來，絕大部分地區人死後都是土葬，做有墳墓，後人常在墳上種點樹木，作為紀念標誌。經過一年的風吹雨洗，墳墓本身不免水土流失，樹木凋殘，因此，到了春日清明，後人前去看望，稱為上墳，又叫掃墓，帶著食物供奉，並整修墳墓周圍，久之，便成清明節祭掃風俗。清明時節的含義是，這樣的時刻顯示出人與過去的聯繫，或者思念過世的親友，或者緬懷逝去的古人。總之，這祭奠之日使人感到，自己不僅是現存，他還有一個沉重的底座，這底座極易於把人帶往深淵。想到自己不過是時間之鏈上的一環，一種不祥的內心情感便會升騰起來，有如煙霧，有如眼前的細雨，有如這個千古流傳下來的祭日。人最終的憂懼來自過去。你又必須尋找過去，在過去的積雪之下才有未來顯現。從這一意義上說，你是既害怕過去又害怕將來，只有遺忘使你逃脫兩個方向的咒語，使你能夠被固定在現時的框架裏，這時，時間並不是流淌著的，而是凝定在一刻。

面對我的提問，胡正眨著狡黠的眼神，發出哈哈大笑：「農民對節氣是很看重的。『節氣不饒人』，『好雨知時節』，等等，農民就是一個『看天吃飯』，聽天由命。氣候怎樣，關係著，也決定著農民的命運。我是農民作家出身，對農業的節氣比較熟悉吧。」

胡正的話，我怎麼聽，也覺得話中有話，弦外有音。

我也笑了：「我能理解，一個高明的作家，總要把自己的用意深深地隱藏在自己的小說人物中。尤其是你們這一代作家，在經歷了那麼多的主題先行之後，更不願意把自己的觀點直露地說出來。但是，作為每一個讀者，還是會作出各自的解讀。我還是認定，你在其中有著你的良苦用心，或者說是『別有用心』吧。」

胡正：「對對。直露不好。清明在節氣中是一個大的分水嶺，清明以後，就大地回春了。清明又是個祭奠的日子，是對往事的告別。」

清明，成為時間的分水嶺。時間是與存在息息相關的尺規。

經過痛定思痛的反思，胡正的回答是：「明天是清明。」

《紅樓夢》中，曹雪芹借「假語村言」對大清王朝進行了提前審判，胡正的〈明天清明〉是對何種死亡的宣判呢？

胡正臉上沒有了笑容，正言厲色地說：「明天清明，比清明更重要的是『明天』，『明天』是個什麼概念？我們這一代人，對明天有著太多的憧憬和期望。」

有歌曲唱：「我們的明天，我們的明天，我們的明天比

呀比蜜甜……」明天是美好的。我們曾無比天真地對共產主義的明天充滿了憧憬和嚮往。

共產主義許諾在人間建立天堂實現大同，故而吸引了一批又一批理想主義者為之獻身。共產主義之所以叫共產主義，是因為它主張「共產」，這是它區別於其他人間天堂或大同世界模式的關鍵之點。自從有文明以來，人類社會基本上就一直是私產社會。主張共產無異於從根本上顛覆文明，因此，許多人從一開始就認定共產主義是人類文明的大敵而堅決反對之；有趣的是，基於同樣的原因，也有許多人認定共產主義是打開一個嶄新世界大門的鑰匙。早在兩千多年前，亞里斯多德在批判柏拉圖的共產主義時就指出，由於當今絕大多數人都生活在私產社會中，他們發現這種社會裏有許多罪惡，便誤認為這些罪惡來源於私產制度本身，以為一旦實行共產，這些罪惡就可通通消除，人間就滿是和睦與情誼。

不是從理論，而是從實踐中，我們讀懂了凡是要把普天下的人都作為他的「打工者」，前提條件就是取消私產而實行「共產」。

於是就引出了一個堪稱悖論的結果：正因為以前不曾有過共產社會，所以不少人容易對共產社會想入非非；越是在共產主義沒有兌現過的地方，共產主義越是顯得有魅力；一旦兌現，共產主義便信譽掃地，壽終正寢。在本世紀，因為共產主義獲得了空前的成功，所以它遭到了徹底的失敗。在這層意義上我們確實可以說，共產主義是被它自己打倒的，

而且也只能被自己打倒。

　　共產陣營的土崩瓦解一度把迷戀共產主義的左派們從迷夢中喚醒，但沒過多久，有些左派就又重新回到迷夢之中。近幾年來，共產主義理論、馬克思主義又有某種小小的回潮。這也難怪，因為「希望」是超事實的。這些左派之所以不肯放棄對共產主義、馬克思主義的幻想，是因為他們不甘心接受自由民主社會的現實，不甘心放棄徹底改造現存的西方社會和創造烏托邦完美社會的理想。如果社會主義共產主義不是自由主義資本主義的明天，而自由主義資本主義倒是社會主義共產主義的明天，因而自由主義資本主義本身就已經是「歷史的終結」；我們已經沒有了明天，明天只可能是今天的重複──這豈不是太令人掃興了嗎？

　　「蘇聯的今天就是我們的明天！」蘇聯東歐巨變後，如今已聽不到這樣的承諾。

　　不知共產主義的彼岸，明天是何年？「我欲乘風歸去，又恐瓊樓玉宇，高處不勝寒，起舞弄清影，何似在人間。」我們為了這個理想中的「明天」，已經付出了無比慘痛的「昨天」的代價；還在不斷付出殊死奮鬥的「今天」的代價。魯迅說：「與其二十一世紀的牛奶，不如當下的一杯白開水。」難道還有比當今人生更為重要的「烏托邦藍圖」？

　　明天要靠今天的點滴進步累積贏的，否則只能是「一夜跌到解放前」，在封建主義的惡性循環圈中生死輪迴。

　　明天是一張沒有承兌日期的「空頭支票」。

　　今天，又有人祭起「經濟決定論」的腔調：中國經濟

　　讓思想衝破牢籠
　　──胡正晚年的超越與侷限

的發展，取得了舉世矚目的成就。隨著市場化改革的深入展開，必然導致經濟的持續發展，必然導致中產階級的成長壯大，而強大的中產階級必然會提出民主的強烈訴求且勢不可擋，於是最終，中國會水到渠成瓜熟蒂落地實現民主。於是，在承諾中忍耐，在忍耐中「等待戈多」，把民主放逐到遙遠的、不確定的「明天」。「明日復明日，明日何其多，我生待明日，萬事成蹉跎，世人苦被明日累，春去秋來老將至……勸君聽我明日歌。」

沃爾夫崗在〈革命拋棄了她的孩子〉一文中說：「烏托邦的天國就不可能建在地上，所以，革命拋棄了她的孩子」。

從柏拉圖的《理想國》到莫爾的《烏托邦》，還有康柏內拉的《太陽城》、培根的《新大西島》、安德里亞的《基督城》、赫茲卡的《自由之鄉》、莫里斯的《烏有鄉消息》以及中國那個聖哲老子描繪的《華胥國》。眾口鑠金地為人類描畫出一個虛無飄渺的「海市蜃樓」。

當「我們是共產主義接班人」突然意識到，「革命的事業」，只不過是「人民的鴉片」時，便從此認定，侍奉天國者，必將終身昏居地獄。

米蘭·昆德拉在《玩笑·英文版自序》中這樣調侃一句：「受到烏托邦聲音的迷惑，他們拚命擠進天堂的大門，但當大門在身後怦然關上時，他們卻發現自己是在地獄裏。這樣的時刻使我感到，歷史是喜歡開懷大笑的。」

最終承諾的「烏托邦藍圖」，到頭來只會是水花鏡月的

一紙「馬歇爾計畫」。

這不是回答，更不是預言，這是搪塞，是推託。「最終」，什麼叫最終？凱恩斯說得好：「最終我們都有一死。」

胡正回答：「明天是清明！」

胡正第一次在他的作品中注入了死亡。〈幾度元宵〉和〈重陽風雨〉中，悲劇中的主角都是「生離」，而〈明天清明〉中，兩位男主角都走向了「死別」。

死亡是一種凝固。死亡是一種決絕。死亡是人間一切幻想的拋棄。死亡是對其他任何可能性的排斥與拒絕。

悲劇的深刻之處在於注入了死亡。

海德格爾關於死和臨死的微妙探討，是《存在與時間》中最有興趣的哲學內容之一。

海德格爾不是鼓勵對死的沉思默想，他關心的是表明：如果不考慮死，而把未來無限延長，那麼生活的緊迫性和責任就失去了意義。

海德格爾創造了一個哲學術語：「親在」。「親在」是走向死亡的存在。正視而不是逃避這個事實，「親在」才能轉向本真的存在。海德格爾認為：人是通向現實的更深層次的入口。只有通過對人的存在的嚴密的分析和描述，才能打開理解存在的通道。

海德格爾現象學分析中研究的死亡並不是「臨終」的死亡，或理解成經驗現實的生理結局的死亡。海德格爾所說的

「趨向死亡」是一種貫穿於人的主觀性之中的死亡體驗。這是一種只能由人在他存在的憂心中理解和接近的死亡。這是「親在」一旦出現就已承受的存在模式，死亡是一種包容整個生活以及對生活的責任的現象。

克爾愷郭爾說過：死亡使生活呈現出不同的面目，對死亡的預見，為每一種選擇注入了存在的緊迫性。人的可塑性可能性總受到最終結局死亡的限制，這使結局總在對「有效時間」的恐懼中有了緊迫感，一旦人降生於世也就開始了死亡，因此，他必須力圖在通過每一個決定的時刻，用自己整個存在確定自身以接受死亡。

作為憂心領域的「親在」，基本上是一種有限可能性的結構，它可以在它的具體選擇中自由實現這些可能。這些可能性基本上植根於未來。然而，過去也同樣保持著可重複的可能性。這樣，「親在」在時間的存在中，甚或被規劃為一種或另一種可能性。他選擇某一種可能而排除另一種可能，選擇包含著不可避免的犧牲或者說包含著對其他可能性的排斥。在每一種選擇中，都「去除」其他可能發生而實際上再不會發生的選擇，這種不選擇的可能性結構，成為他存在的一部分並構成他存在的虛無的一種表達。我們所記得的虛無寓於「親在」對他存在的可能性的存在——自由。這種自由在於，只能有一種選擇，意即不選擇和不能選擇其他。看似「條條大道通羅馬」，其實是「自古華山一條路」。對生存環境的衡量，對歷史記憶的「潛在出現」和未來的期待欲念，凝聚成現實的一個點。

我們總是必須犧牲一切可能性以便選擇其他可能，在實現某種選擇時，我們正在不實現另一種，於是就變得有罪，每一個行動都意味著罪責，但又決不可能不行動地生存，因此，罪責是人的存在不可去除的罪責。

所以，西方許多思想家說：海德格爾「親在」分析中，最高的現象學概念是「決定」。「親在」的選擇，超越觀念與道德的評判標準。

死亡的存在現實使人意識到他存在的暫時性，良心召喚「親在」認識到他不可避免的罪責，但人必須超越這些存在的非連續性並確證它的存在，正是通過「決定」他做到了這一點，於是決定就成了真存在的否定之否定。

真自我在決定中遭遇未來。

胡正正是在自己的「親在」中做出了選擇。

小時候，我看《冰山上的來客》，有句話一直不懂。中尉把古蘭丹姆救出來，自己中了黑槍，臨死前，古蘭丹姆對死者說：「記住我，我叫古蘭丹姆。」活著的人竟然懇求死者記住她，難道不是很荒唐的要求嗎？

現在我懂了。讓活著的人記住死者，對活著的人來說，仍是一種奢侈，面對無辜的死者，活著的人對生命總是虧欠的。我只有懇請無辜的死者記住我，因為，他們活著，永遠活著，而我是將死的。我屬於他們，所以懇請他們記住我。

俄羅斯思想家舍斯托夫在《約伯的天平上》一書中，把懷念陀思妥耶夫斯基誕辰一百周年紀念日的一篇文章題名為「死亡的啟示」。文中說了這樣一番話：「死亡天使降臨於

人，為的是把人的靈魂和肉體分開，而使他全身長滿眼睛。為什麼這樣？天使為什麼需要這麼多眼睛，他在天上什麼都能看得見，而在地上什麼也看不清嗎？……事情往往是這樣，死亡天使由於是隨著靈魂出現，所以自信他的到來要比人尚未到謝世期限早得多。它不能觸動人的靈魂，甚至也不和靈魂見面，而是在離開之前，悄悄地把自己無數雙眼睛中的一雙眼睛留給了人。於是，人突然開始從高處看到所有人看到的東西，而他自己還是用舊眼睛看到一種新東西。」舍斯托夫認為，陀思妥耶夫斯基正是因為沙皇那次把他與十二月黨人送上斷頭臺而又突然赦免的戲劇性一瞬間，獲得了「第二種眼光」。

是死亡使人具有了新的眼光看世界。

謝泳在《中國現代文學的微觀研究》一書中，提出了「悲劇意蘊三階段」的理論概念：

悲劇意蘊經歷了一個由表及裏的過程。最早是從揭示悲劇的外因開始的，把農民的不幸歸之為大躍進、文化大革命等荒唐年代中品質惡劣的小人得逞一時，善良的農民因此遭殃；以後，悲劇的起因逐漸指向路線、制度等社會政治原因，辦錯事的主角不再是卑劣的小人，而往往是不自覺的好人，這就超越了前期道德批判的水平；最後，進而把悲劇的思索集中於農民自身的文化心理積澱，農民成為整個中華

民族的縮影，由農民命運的悲劇切入到改造國民性
的嚴肅主題。

胡正反思小說三部曲的結尾，都是匠心獨運的。

〈幾度元宵〉分上、下兩部，胡正都用了「掛紅燈」
的歌詞：「正月十五鬧元宵，／迎春的東風擺動了楊柳梢，
／舞起龍燈踩高蹺，／一溜旱船滿街跑。／／元宵佳節掛紅
燈，／各色各樣的花燈串串紅，／天上的星星地上的燈，／
家家戶戶喜迎春。」一片歌舞昇平，人們充滿了對撥亂反正
新時期到來的喜悅和對美好未來的憧憬。

〈重陽風雨〉中，則用了普希金小說《杜布羅夫斯基》
新娘的最後一句話：「太遲了！」然後，女主人公何舒瑩
「只覺兩眼發黑，兩腿癱軟，跌倒在門檻上，暈過去了。」
而男主角沈紀明發出了悲天憫地的呼喊：「現在他要去追
回那失去的愛情，尋找回那失去的信任。他能尋找回來
嗎？」一切成為難以預料的未知數，變成了對悲劇現實的
「拷問」。

〈明天清明〉中，胡正則用了陸游的《釵頭鳳》：「紅
酥手，黃縢酒，滿城春色宮牆柳。東風惡，歡情薄，一懷愁
緒，幾年離索。錯，錯，錯！」方之恭雙加了三個字：悔，
悔，悔！「春如舊，人空瘦，淚痕紅浥鮫綃透。桃花落，閒
池閣，山盟雖在，錦書難託。莫，莫，莫！」方之恭又加了
三個字：恨，恨，恨！這是陸游寫他與意中人生離死別的著
名詞。它使人聯想到蘇東坡那首類似內容的詞〈江城子〉：

讓思想衝破牢籠
　　——胡正晚年的超越與侷限

「十年生死兩茫茫，不思量，自難忘。千里孤墳，無處話淒涼。縱使相逢應不識，塵滿面，鬢如霜。夜來幽夢忽還鄉，小軒窗，正梳妝。相顧無言，惟有淚千行。料得年年斷腸處，明月夜、短松崗。」這裏，沒有了幻想、迷茫、徬徨，完全成為一種「千里孤墳，無處話淒涼」的淒慘絕望的憑弔景象。

胡正反思小說的三部曲，正是經歷了謝泳所指出的悲劇意蘊發展的三階段：〈幾度元宵〉中人物的命運悲劇是由於小人的做梗和從中破壞；〈重陽風雨〉中人物命運的悲劇，逐漸指向制度；〈明天清明〉中兩對主要人物的命運，則是在制度性大背景下，把筆墨深入到人物的文化心理的刻畫上。

〈幾度元宵〉中人物命運的悲劇，還殘存有華夏傳統文化中「大團圓」的蛻變痕跡；到〈重陽風雨〉則成為「無言獨上西樓，望斷天涯路」的一種對制度性問題的迷茫與思索，有了「欲窮千里目，更上一層樓」的登高望遠的象徵意味；再到〈明天清明〉，則更是進一步成為了對民族文化心理的一種剖析，並有了某種「借問瘟君欲何往？紙船明燭照天燒」的祭奠意味。

胡正的反思不斷走向深化。

這裏需要補充一段重要更正。胡正在看過上節文字後說：

「我〈明天清明〉的反思呢，我是反思在我們的歷史當中，有一些左的東西，這些左的東西造成了婚姻的悲劇。這是我的反思。你把它寫成是對歷史的輓歌，寓意就

是整個埋葬這段歷史，這個我就不能同意，當然這是你的引申，你對作品的看法和評論。這和我的原意就不同了。我的原意就是，我們在根據地反封建，打倒地主，建設，我都是肯定的呀。是的，我們有一些弱點，就是我們有封建意識沒有完全清除，封建意識和左的東西造成了這種悲劇，不是我們整個的共產黨的悲劇，所以你引申的就是整個制度，整個共產黨的悲劇，輓歌麼。我不是個輓歌，只是一個反思。」

胡正又說：「我反思我們的體制，並不反對我們的制度。體制和制度是兩回事：溫家寶總理在最近的國務院會議上還說，要深化我們體制的改革，這說明黨中央是承認我們體制上的不足的。但對我們的社會主義制度並不否定。這裏有個界限：有人說四項基本原則是四堵高牆，限制了人們的自由。我認為，在四堵牆裏是很自由的，我是在四堵牆內的反思，對四項基本原則還是要堅持的。」

胡正關於「四堵牆內的反思」，使我聯想起蘇俄那個由馬克思主義皈依耶穌基督的大思想家別爾嘉耶夫在《思想自傳》中的一個細節：別爾嘉耶夫在獄中時，基輔的憲兵司令對他們這些反抗者說：「你們太不自量力，你們面前是一堵牆！」大概有著「不撞南牆不回頭」的嘲弄。陀思妥耶夫斯基在《地下室手記》一書中所描繪的那個「地下人」，也痛感到他們的「生存現實」就是像棺材般令人窒息的「四堵石牆」。

胡正還說：「埋葬什麼？我就是埋葬人麼，並沒有你寫

得那麼多聯想。」

　　我無言以對。俄羅斯文藝評論家杜勃羅留波夫對岡察洛夫《奧勃莫洛夫》一書評價與作者原意不符的現象，在文學史上不斷重複著「歷史驚人地相似」。

讓思想衝破牢籠
　　——胡正晚年的超越與侷限

十三、稍縱即逝的風景線

前文在談到趙樹理時提到張恆的文章。張恆題名為〈一道消逝的風景線——「山藥蛋派」文學的回眸與審視〉最初發表於2001年第六期的《山西大學學報》〔哲學社會科學版〕。文中除前面提出的觀點外，還對「山藥蛋派」這一文學流派做了世紀末的回顧和總結：

　　　　山西「山藥蛋派」的作家，有人認為包括趙樹理、馬烽、西戎、孫謙、胡正、束為等人。他們之中除趙樹理外，創作活動均開始於20世紀40年代初的革命老區，基本上都是革命隊伍中的基層文化工作者。共和國成立後，舊的思想文化遭到前所未有的蕩滌，剛剛獲得解放的國人，包括各界各階層，對中國傳統社會留下來的一切，差不多都充滿著發自內心的鄙夷輕蔑之情以及與之斷然決裂的真摯願望；而對共和國的締造者們從昔日老區帶進來的一切，從扭秧歌到打腰鼓，從《白毛女》到《王貴與李香香》，則無不充滿著一種由衷的擁戴和熱切的認同。在這種情況下，那些自感風光難再的舊作家、舊文人遂紛紛改弦更張，而過去的相當多數的文學作品，也無不面臨著被逐出歷史舞臺的可悲命運。如此，就在特定的時期形成一個特有的也是巨大的藝術真空，亟需為廣大百姓提供的文化食糧卻突然面臨著青黃不接之虞。一方面是巨大的藝術真空應該填補，一方面是國人對革命老區的新型文學的熱愛。這，不正是給後來的「山藥蛋

1990年代，「山藥蛋派」五老（左起胡正、西戎、李束為、馬烽、孫謙）在機關院內

派」作家創造了一個大顯身手的大好機會嗎？

1949年，趙樹理創作小說《傳家寶》、《田寡婦看瓜》；1950年，他的小說《登記》以及1955年寫的小說《三裏灣》均轟動全國。此間馬烽創作的《一架彈花機》、《飼養員趙大叔》、《孫老大單幹》、《韓梅梅》等；西戎創作的《麥收》、《宋老大進城》等，都引起了一定反響。而孫謙則以電影文學劇本《農家樂》、《光榮人家》、《葡萄熟了的時候》、《陝北牧歌》、《夏天的故事》等到令世人矚目。胡正、束為也頻頻出手，正是在共和國建國伊始的崢嶸歲月，被時代巨變所賦予的難得的機遇所「照亮」，他們才一步步走向了自己的成熟和輝煌。

縱觀他們的早期創作，其藝術旨趣、審美觀

念、創作心態、風格取向以及功利目的等方面的一致
性是顯而易見的。首先他們對革命事業充滿了由衷的
責任感、使命感，也充滿了運用文學武器謳歌革命、
抨擊反動、配合形勢、服務中心的強烈而堅定的自覺
意識。其次，他們中的大多數傳統的人文思想觀念積
澱不深，接受中華主體文化與舶來文化的系統教育均
有限，卻長時間地為俗文化所薰陶濡染，具有與普通
大眾特別是農民大眾同甘苦、共命運的深切體驗，民
間藝術的吸納至為豐富，美學思想相對單純而不複雜
多元，理論的滋潤則顯得闕如；而在早年的革命歲
月，彼此又建立起較牢固的戰鬥友誼。正是這一切，
為以後「山藥蛋派」的形成打下了理論的、實踐的乃
至人情方面的基礎。

　　張恆對「山藥蛋派」興起的歷史背景的回顧無疑是準確
的，也是深刻的。
　　馬烽雖然對張恆的文章提出了質疑甚至還很激烈，然而
對「山藥蛋派」在文學史上的定位，還是保持著清醒。馬烽
說：「我們就是時代造就的一批作家。如果沈從文、錢鍾書
他們還繼續從事創作，怎麼也不會顯露出我們。」
　　張恆在分析了「山藥蛋派」形成的歷史淵源和時代背景
後，對「山藥蛋派」的衰落做出了必然的斷言：

　　　　「山藥蛋派」的形成，在相當程度上是政治的產

物。功利色彩、宣教目的極其濃重，也極易陷入淺白直露或趨時的境地，很難獲得高層次的藝術突破和恆久不衰的文化價值。其審美情趣單一而凝固，接受精英文化的心態偏頗，認識短淺、內容狹窄，手段欠豐，追求思想容量廣闊厚重的自覺意識至為薄弱；封閉多於汲取，自足多於開放，跨文化、跨國別的借鑒頗差，更缺乏對世界現當代文學思潮的客觀考量；視野有限，涉獵局促，門戶之見甚深，切膚之言、逆耳之談也很難吸納。

「文革」過後，中國歷史掀開了新的一頁，文化事業同樣呼喚著生機。熬過劫難的「山藥蛋派」作家自然不會甘於寂寞，也紛紛重操舊業，披掛上陣。1978年，馬烽以〈有準備的發言〉、〈無準備的行動〉二則短篇小說再次亮相；接著，發表了〈結婚現場會〉、〈李順德和他的女兒〉等十幾篇小說。此外，和孫謙編寫了電影劇本〈淚痕〉、〈咱們的退伍兵〉、〈山村鑼鼓〉、〈黃土坡的婆姨們〉等。西戎、胡正、束為等也發表了不少小說，但這時他們的創作卻每每顯得力不從心，事倍功半。馬烽的〈結婚現場會〉還獲得1980年全國優秀短篇小說獎，後來的小說卻再難叫響。與孫謙合作的那些電影劇本，除了〈淚痕〉外，其他幾部均每況愈下。西戎、胡正、束為的幾篇小說也屬曇花一現。意欲東山再起實則事與願違，道理一目了然，「山藥蛋派」作家根本沒能

力超越他們既定的美學體系與創作模式，在新的瞬息萬變的社會形勢面前，他們就必然越來越感到捉襟見肘，難以為繼。因此一落千丈，貽笑大方，也就成了他們必然的尷尬結局。

中國著名的文藝理論家批評家唐達成，在講到以趙樹理為代表的「山藥蛋派」、以孫犁為代表的「荷花淀派」時曾說過一番很深刻的話：「人們總喜歡把文學的『這一個』，合併同類項，歸納成某某流派。殊不知，形成流派本身就是一種模仿的產物。一個人闖出一條路子，周圍的人群起而仿效之，也許，這樣可以不斷豐富了某一種創作形式，但畢竟離個性的表現和發表對生活的獨到見解相去已遠。更何況如果整整一代人都蜂擁至同一條路上，在轟轟烈烈的表象下，掩蓋著的是這一代人的悲哀。」

作家原本就是以「獨立之意志，自由之精神」而行諸於世，當你硬要把他們歸之於流派時，就難免落入老子「道可道，非常道；名可名，非常名」的悖論之中。

作為一個流派的主要作家，如果他比這一流派的開創者多從事創作三、四十年，對先驅者只是亦步亦趨的堅守與繼承，而沒有任何發展創新和超越的話，那麼他就失去了作為一個作家存在的價值。

胡正理應對「山藥蛋派」有所超越。

張恆的文章發表於2002年，寫作時間可能會更早一些，因為在轉載此文的《山西文學》上有一則「編輯人語」，說了這樣的話：「此文曾投寄本刊，長期擱置，未予採用」。那麼，張恆先生有可能沒有看到胡正2002年寫出的新作〈明天清明〉。但是，《人民文學》1992年第六期上發表的胡正的〈重陽風雨〉是應該能看到的。而更早發於1982年《當代》的〈幾度元宵〉更無疑能夠看到。大概張恆先生忽略了「山藥蛋派」營壘裏的這個「小兄弟」。

　　固定的認識模式所形成的思維慣性是強大的，它很容易遮蔽了我們的視線和影響了我們的目力。

　　1992年7月13日的《太原日報》上，丁東與陳坪以對話的形式，發表了題為〈誰說「山藥蛋派」不再發展？──漫談胡正新作〈重陽風雨〉〉。讓我們看看文章中對胡正的新作做何評價：

　　　A：老作家胡正發表在《人民文學》1992年第6期上
　　　　的中篇小說〈重陽風雨〉，讀後給人以耳目一新
　　　　之感。作為「山藥蛋派」的一員，胡正寫出這樣
　　　　的新作，確實給我們不少啟示。

　　　B：這首先影響到我們對流派作家的看法。

　　　A：過去，人們一提起「山藥蛋派」，總是把它當成
　　　　文學史的一個範疇，認為它發源於40年代，興盛
　　　　於50年代，結束於60年代，最多到80年代初還有
　　　　一些餘波。以後這個流派由誰來繼承、由誰來發

展，特別是在當代還能不能再發展，好像更多地是作為一個學術問題提出來。即使把它當作一個創作實踐問題來提，人們也只是著眼於「山藥蛋派」是不是後繼有人，是不是有第二代「山藥蛋派」作家，第三代「山藥蛋派」作家等問題上。

B：這種爭論無形之中已經認定老一代「山藥蛋派」作家的創作生命已經結束，這一流派本身已經作為墓誌銘鐫刻在文學的碑帖上了。在這種目光的審視下，「山藥蛋派」老作家的創作就不僅表現為一種時過境遷的過去時態，而且呈現出一種歷史定位的靜態。

A：……

B：最近胡正發表的〈重陽風雨〉，給了我們一個新鮮的範本，使我們對「山藥蛋派」自身的藝術活力有可能予以重新認識。從這種角度看，確實是「存在先於本質」，因為人的存在本身就意味著可能性。即使是老作家，也是能夠通過選擇使自己，從他人概念把握的確定性中超越出來。胡正就是一個例子。

A：……我讀了〈重陽風雨〉之後，感到這篇小說不但給胡正的創作生涯注入了新的生機，而且給整個「山藥蛋派」都注入了新的美學因素。有了這篇作品，對胡正乃至整個「山藥蛋派」都值得進行價值重估。

讓思想衝破牢籠
——胡正晚年的超越與侷限

謝泳在讀過胡正的中篇小說〈重陽風雨〉之後，說了這樣一番話：「這篇小說的出現很有意義，它不僅意味著胡正本人的小說創作進入了一個新的階段，突破了以往過於狹窄的題材範圍和單一的主題，而且對於『山藥蛋派』在當代的發展也有很深的啟發意義：那就是當一個流派的主要創作人員都還健在，而且從寫作年齡上看並不衰老的時候，這個流派的活力從何而來，他們應該以怎樣的方式去重新為『山藥蛋派』發展開闢一條新路呢？胡正這篇小說出現的當代意義就在於它不僅為我們重新評價『山藥蛋派』在新時代的發展提供了一個範本，更在於為我們重估一個流派的未來找到了新的思路。」

　　而從〈重陽風雨〉到〈明天清明〉，胡正又繼續向前走了十年的反思歷程。

　　我問胡正：「你看過張恆的文章後是一個什麼感受？」

　　胡正說：「看了以後，我們幾個沒有在一塊議論。是李英反應強烈。為什麼反應強烈呢？因為西戎對韓石山一直不錯，而這篇文章你在《山西文學》上轉載了，還加了個編者按，在編者按裏還是非常肯定的口氣。她拿給我看，我說不錯麼，過去我們還算一條風景線呢！你說是不是啊？」胡正說著發出一陣爽朗的「哈哈」大笑。

　　胡正又說：「再說，他也是一家之言，又不是文學史上的定論。另一方面，我的觀點，『山藥蛋派』也就是個歷史現象，過去了，一個人也好，一種文學現象也好，他有輝

煌的時刻，也就有衰落的時候，就是丁果仙，也不能總唱主角。我挺欣賞他的一點，他年齡大了跑龍套，有人說他，你是名家，你怎麼能去跑龍套呢？丁果仙說，人還能總當主角，該跑龍套的時候就跑，比站在原地不動強。對一種歷史現象有個正確的評價就夠了。我沒什麼惱火的。作家出版社最近出了一套《山藥蛋派作家叢書》，趙樹理、馬烽、西戎、李束為、孫謙和我六個人的。這就是個歷史現象，過去就過去了。過去我們蓋了個四合院，不錯，現在不照樣拆了四合院，蓋起了高樓大廈。誰還再去蓋四合院？任何事物都是歷史時期的產物。」

胡正還說：「我後來寫的〈重陽風雨〉、〈明天清明〉，離『山藥蛋派』遠了一些。我自己也不是就死守著過去的一套。『山藥蛋派』是適合於五十年代的情況。那時候，農村農民的文化不高，所以它需要通俗化、大眾化，要土的貼近他們。使他們有閱讀興趣。而現在人們的文化程度都高了，見到的東西也多了，這就要多元化。」

我說：「張恆在文章中闡述了一個概念：『拋棄和淘汰一個被自己演繹的過了頭的概念確實太難，坦然承認自身的衰落則不免感到面子盡失，自尊大傷。於是只有用加倍的吶喊，牽強的證明，對不同聲音的排斥以及對外面世界的視而不見或者管窺蠡測式的挑挑剔剔，來捍衛一種泡沫般的聲名，保持一種『精神勝利』式的陶醉。』張恆的話無疑代表了一部分人的看法。你作為『山藥蛋派』的一個主要代表作家，同時又作為山西文壇的一個領導人，你的反思和部分自

我否定，是有可能影響到權威和威信的，一般有個性有權威的領導人，能夠反思自己的失誤和局限，並在今後的行動中做出修正，但絕不願意在人前公開承認。而你能勇於對自己的弱點和局限進行公開的反思，這確實難能可貴。在這個反思過程中，你心理上有痛苦嗎？」

胡正（很快，幾乎是沒有停頓地回答）：「沒有。為什麼沒有呢？因為在你的反思中，你認識到，你一方面是極左路線的受害者；另一方面，你又是極左路線的執行者。在你擔任領導期間，不管你是察覺還是沒察覺，你都是理解的要執行，不理解的也要執行。可以說極左路線所以能長時間的延緩，屢禁不止，愈演愈烈，你也是負有一份責任的。你也成為整部機器的一個齒輪，一個螺絲釘。你認識不到這一點，否定自我當然是痛苦的；你要是認識到了，還痛苦什麼呢？知錯改錯不為錯。」

我說：「孔子說，知錯必改，善莫大矣。」

胡正說：「人們對你的認識，也會隨著時代的進步而發展。你當年的局限，人們還可以理解、原諒，如果時代都前進了，人們思想都提高了，你還固守陳舊的觀念，那人們就不會原諒你了。對自己的作品也一樣，在過去那種形勢下寫出來的作品，你還要說它多麼多麼了不起，這怎麼可能呢？它當然也有時代的局限性。為什麼現在提出『與時俱進』呢？這是一種明智的做法。」

說著胡正又是一陣爽朗大笑。

胡正在〈九十年代的希望〉一文中，說過這樣一段話：

我們要承認歷史而不是否定它，因為歷史是存在過的；然而歷史已成過去，歷史留給我們的是回憶，留給後人的是翻來覆去的評議。歷史在延續，在發展，有時竟有驚人的重複和相似。它不可避免地要受過去的影響，更將在新的歷史條件下呈現新的歷史現象。

張恆把文章的題目定為〈一道消逝的風景線〉，對此，胡正以作家的語言，說出一段意味深長的經典名言：「風景當然不能長久，這是自然的規律，還能永不消逝了？煙臺蓬萊閣上看海市蜃樓，那更短暫，幾秒鐘的事，一晃，不就沒了？風景就不可能永遠保留，廬山夕照好看，天黑了，風景就沒了；泰山日出壯觀，太陽升高了也就沒什麼看頭了。長江三峽，那更是著名風景區了吧？歷代文人留下多少詩篇。現在三峽大壩一修，說消逝不也消逝了？消逝了沒關係麼，我們再給它創造一道新的風景線不就行了。」說著，又是「哈哈哈哈」一陣胡正式的爽朗大笑。

胡正喜歡以農業的節氣命名他的作品。其間散發著濃厚的鄉土氣息。我也聯想到一句預測天氣的農諺：「早霞不出門，晚霞行千里」。我在撰寫唐達成傳時，對於建國初期人們的歡天喜地用前半句的邏輯推理說了這樣一句話：「五十年代初期的燦爛朝霞，竟是一場急風驟雨的預警」。現在，我不妨用後半句的邏輯推理來為寫胡正的文章命名：〈晚霞行千里〉。胡正一代老人的反思精神，預示著我們必定會有一個日清月朗的明天。

〈晚霞行千里〉最終還是被胡正先生自己扼殺在襁褓裏。胡正先生一語成讖,閃光的思想成為稍縱即逝的風景線。

讓思想衝破牢籠
——胡正晚年的超越與侷限

尾聲、讓思想衝破牢籠

摩羅在〈中外學者一致判定中國人富於奴性〉一文中，有這樣的文字：

　　　　在近代以來中國國民性批判的思潮中，奴性被描述為中國人最主要的精神特徵之一。此一論斷，中外學者達到了高度一致。

　　　　德國學者黑格爾嘲諷中國人「賣身為奴，吞嚥咽奴隸的酸饅頭，它也不覺得可怕。」他說東方民族精神的主要特徵就是專制與奴役。

　　　　另一位德國學者赫爾德說，中國是「一個在世界一隅形成了中國式奴隸制文化的蒙古人後裔」。「中國人自己建造的那部國家機器上的一釘一鉚又是那樣奴性十足的服從，好像它們降臨人世就是為了當奴才。」

　　　　美國傳教士史密斯在《中國人氣質》中說：「我們說中國人柔順，是因為他們在騾馬一樣堅硬的性格中，還混合著一種屈從的能力，而這種能力正是盎格魯－撒克遜人時常缺乏的。」

　　　　不但那些殖民國家的文化人這樣評價中國人，近代以來幾代中國精英，他們也經常無比痛切地這樣反思國人的奴性。嚴復說：「蓋自秦以降，為治雖有寬苛之異，而大抵皆以奴虜待吾民。……夫上既以奴虜待民，則民亦以奴虜自待。」

　　　　梁啟超說：「我國民不自樹立，柔媚無骨，惟

奉一庇人宇下之主義。暴君污吏之壓制也服從之，他族異種之羈軛也亦服從之。但得一人之母我，則不惜為之子；但得一人之主我，則不憚為之奴。……品格之污下賤辱，至此極矣。」他將奴性稱為「劣下之根性」，並旗幟鮮明地提出中國人必須「剪劣下之根性，涵遠大之理想。」

「劣下之根性」很可能就是後來魯迅筆下「劣根性」一詞的前身。就此而言，梁啟超很可能是第一個提出「國民劣根性」概念的中國思想家。

陳獨秀說：「蓋中國人性質，只爭生死，不爭榮辱，但求偷生苟活於世上，滅國為奴皆甘心受之。」

《尚書》上有詛咒暴君夏桀的話，「時日何喪，予及汝偕亡」，表示要跟這個無道暴君同歸於盡。魯迅對此失望地評述說：「憤言而已，決心實行的不多見。」實際上呢，他痛切指出，中國人是「縱為奴隸，也處之泰然」。

在另一個場合，魯迅乾脆十分憤激地說，中國只經歷過兩個時代，一個是暫時做穩了奴隸的時代，一個是想做奴隸而不得的時代。照此意思，一部中國史，就是一部奴性發育史。

讀著以上中外先賢的話語，我想到我們自革命之始就高歌不止的〈國際歌〉：

起來，饑寒交迫的奴隸，

起來，全世界受苦的人，

滿腔的熱血已經沸騰，

要為真理而鬥爭！

舊世界打個落花流水，

奴隸們起來起來！……

不要說我們一無所有，

我們要做天下的主人。

這是最後的鬥爭，團結起來到明天，

英特納雄耐爾就一定要實現。

從來就沒有什麼救世主，

也不靠神仙皇帝。

要創造人類的幸福，

全靠我們自己！

我們要奪回勞動果實，

讓思想衝破牢籠。

快把那爐火燒得通紅，

趁熱打鐵才能成功！

這是最後的鬥爭，團結起來到明天，

英特納雄耐爾就一定要實現。

這首由工人階級的歌手歐仁・鮑狄埃用血與淚寫下的

讓思想衝破牢籠
——胡正晚年的超越與侷限

作品，在1917年的彼得格勒，在1936年的巴賽隆納，在1968年的巴黎街壘，一個世紀以來都傳唱著……這個聽來曾是那麼雄壯的曲調，怎麼在今天聽來，竟像〈葬禮進行曲〉的旋律那樣悲愴沉重。在電影電視劇中，多少革命者猶如撲火的燈蛾，就是踏著〈國際歌〉的旋律義無反顧地走向刑場。

　　這個尋求解放和自由的歌，還要吟唱多少個世紀？

讓思想衝破牢籠
——胡正晚年的超越與侷限

血歷史　PC0234

新銳文創
INDEPENDENT & UNIQUE

讓思想衝破牢籠
——胡正晚年的超越與侷限

作　　者	陳為人
主　　編	蔡登山
責任編輯	黃姣潔
圖文排版	鄭佳雯
封面設計	王嵩賀

出版策劃	新銳文創
發 行 人	宋政坤
法律顧問	毛國樑　律師
製作發行	秀威資訊科技股份有限公司
	114 台北市內湖區瑞光路76巷65號1樓
	電話：+886-2-2796-3638　傳真：+886-2-2796-1377
	服務信箱：service@showwe.com.tw
	http://www.showwe.com.tw
郵政劃撥	19563868　戶名：秀威資訊科技股份有限公司
展售門市	國家書店【松江門市】
	104 台北市中山區松江路209號1樓
	電話：+886-2-2518-0207　傳真：+886-2-2518-0778
網路訂購	秀威網路書店：http://www.bodbooks.com.tw
	國家網路書店：http://www.govbooks.com.tw

出版日期	2012年6月　一版
定　　價	270元

國家圖書館出版品預行編目

讓思想衝破牢籠：胡正晚年的超越與侷限 / 陳為人作. --
一版. -- 臺北市：新銳文創, 2012.06
　　面；　公分. -- (血歷史；PC0234)
　ISBN　978-986-6094-87-3 (平裝)

　1.胡正　2.作家　3.傳記　4.中國

782.887　　　　　　　　　　　　　　　101009180

讀者回函卡

感謝您購買本書，為提升服務品質，請填妥以下資料，將讀者回函卡直接寄回或傳真本公司，收到您的寶貴意見後，我們會收藏記錄及檢討，謝謝！如您需要了解本公司最新出版書目、購書優惠或企劃活動，歡迎您上網查詢或下載相關資料：http:// www.showwe.com.tw

您購買的書名：＿＿＿＿＿＿＿＿＿＿＿＿＿＿＿＿＿＿＿＿＿

出生日期：＿＿＿＿＿年＿＿＿＿＿月＿＿＿＿＿日

學歷：□高中 (含) 以下　　□大專　　□研究所 (含) 以上

職業：□製造業　□金融業　□資訊業　□軍警　□傳播業　□自由業
　　　□服務業　□公務員　□教職　　□學生　□家管　□其它＿＿＿

購書地點：□網路書店　□實體書店　□書展　□郵購　□贈閱　□其他

您從何得知本書的消息？

　□網路書店　□實體書店　□網路搜尋　□電子報　□書訊　□雜誌
　□傳播媒體　□親友推薦　□網站推薦　□部落格　□其他＿＿＿＿＿

您對本書的評價：(請填代號　1.非常滿意　2.滿意　3.尚可　4.再改進)

　封面設計＿＿＿　版面編排＿＿＿　內容＿＿＿　文／譯筆＿＿＿　價格＿＿＿

讀完書後您覺得：

　□很有收穫　□有收穫　□收穫不多　□沒收穫

對我們的建議：＿＿＿＿＿＿＿＿＿＿＿＿＿＿＿＿＿＿＿＿＿

＿＿＿＿＿＿＿＿＿＿＿＿＿＿＿＿＿＿＿＿＿＿＿＿＿＿＿＿＿

＿＿＿＿＿＿＿＿＿＿＿＿＿＿＿＿＿＿＿＿＿＿＿＿＿＿＿＿＿

＿＿＿＿＿＿＿＿＿＿＿＿＿＿＿＿＿＿＿＿＿＿＿＿＿＿＿＿＿

11466
台北市內湖區瑞光路 76 巷 65 號 1 樓

秀威資訊科技股份有限公司 收

BOD 數位出版事業部

....

（請沿線對折寄回，謝謝！）

姓　　名：＿＿＿＿＿＿＿＿＿　年齡：＿＿＿＿＿　性別：□女　□男

郵遞區號：□□□□□

地　　址：＿＿＿＿＿＿＿＿＿＿＿＿＿＿＿＿＿＿＿＿＿＿

聯絡電話：(日)＿＿＿＿＿＿＿＿＿　(夜)＿＿＿＿＿＿＿＿＿

E-mail：＿＿＿＿＿＿＿＿＿＿＿＿＿＿＿＿＿＿＿＿＿＿